리더의 가면

안도 고다이 지음 · 김정환 옮김

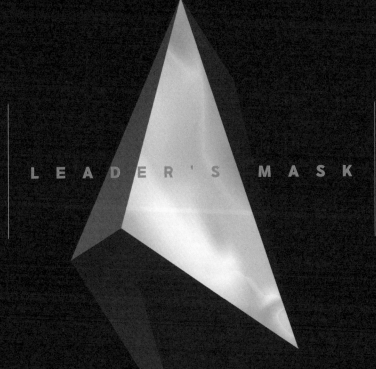

LEADER'S MASK

조직관리 원칙과 식학 리더십

리더의 가면

핀라이트
PINLIGHT

회사의 매니지먼트는
'리더의 말과 행동'에 따라
모든 것이 결정된다.

이 책을 손에 든 당신은 틀림없이
우수한 '플레이어'일 것이다.
그리고 우수한 플레이어는
승진하여 리더가 된다.

그러나 '우수한 플레이어'라고 해서
반드시 '우수한 리더'가 된다는
보장은 없다.

부하 사원 앞에 섰을 때,
리더의 눈에는 선배로서,
상사로서 '많은 것'이 보인다.

업무 진행 방식,
커뮤니케이션 방식, 업무 준비,
비즈니스 매너, 팀워크, 자료 작성,
일에 대한 보람, 의욕, 매출, 목표,
가족, 사생활, 건강관리, 비전, 꿈,
......

리더는 자신도 모르게 리더의 위치에 서서
'순간적인 감정'으로 무엇인가를
말하려고 한다.
그러나 팀의 성과를 최대화하기 위해
리더가 말하고 행동하기 전에 살펴야 할
'다섯 가지 포인트'가 있다.

리더는 무엇을 말해야 하는가.
그리고 무엇을 말하지 않아야 하는가.
좋은 리더가 한 말은 '시간차'를 두고
천천히 효력을 발휘한다.

리더는 '다섯 가지 포인트'에
초점을 맞추고,
다른 것은 부하 사원에게 맡긴다.
지켜본다.
기다린다.
무시한다.

이제부터 이것을 가능케 하는
'다섯 가지 축'의 사고법,
즉 '리더의 가면' 사용법을
소개하겠다.

왜 '리더의 말과 행동'이 중요한가?

Leader's Mask

먼저 내 소개를 하겠다. 나는 '주식회사 식학'의 대표를 맡고 있는 안도 고다이다. 지금까지 '식학(識學)'이라는 의식구조학을 통해 조직에서 일어나는 수많은 문제를 해결해 왔다. '식학'은 간단히 말하자면 조직 내에서 오해나 착각이 어떻게 발생하는지, 그것을 해결할 방법이 무엇인지 찾아내는 학문이다.

2022년 7월 현재 일본에서 약 3,000개의 회사가 식학을 도입했다. 2019년도에 신규 상장한 회사 중 7곳이 식학을 도입했으며, 지금은 '회사를 성장시키기 위한 최고의 조직론'이라는 평가와 함께 입소문이 퍼지고 있다.

물론 내가 운영하는 '주식회사 식학'도 식학의 발상을 실천한다. 우리 회사는 창업한 지 3년 11개월 만에 벤처기업을 대상으로 하는 도쿄 증권거래소 마더스 상장을 달성함으로써 식학의 가능성을 직접 증명해 보였다.

이 책은 식학의 방법론을 바탕으로 '젊은 리더'에게 매니지먼트(Management, 관리나 경영의 의미로 사용되지만 이 책에서는 그대로 매니지먼트라고 한다.-역자주)의 노하우를 전수하기 위해서 쓴 것이다. 부하 사원을 처음으로 둔 리더, 즉 '중간 관리직'을 대상으로 가정했다.

사실 회사에 입사한 후 처음으로 부하 사원을 두게 된 시점은 인생에서 꽤장히 중요한 시기라고 할 수 있다.

사회인이 된 뒤로 플레이어(Player, 현장사원이나 실무자의 의미로 사용되지만 이 책에서는 그대로 플레이어라고 한다.-역자주)로서 자신의 일에만 몰두하며 살던 시기가 끝나고, '타인의 인생'이나 '장래의 커리어'에 관해서 생각하기 시작하는 시점이기 때문이다.

그 후에 계속 승진을 하든, 독립하거나 창업을 하든 회사에서 처음으로 리더가 되어 '부하 사원을 대하는 방식'은 매니저 혹은 리더라는 커리어의 원점이 된다.

그리고 첫걸음을 떼는 이 시기에 리더로서 성공 여부는 그 후의 인생에서 '큰 차이'를 만들어 낸다. 처음 리더가 되었을 때의 실패가 이후의 커리어에서 과장의 실패, 부장의 실패, 사장의 실패, 프리랜서의 실패, 창업자의 실패로 이어지기 때문이다.

그래서 이 책을 쓰면서 다른 사람보다 높은 위치에 있는 사람이라면 누구나 깨달음을 얻을 수 있도록 도움이 되는 내용을 담고자 고민했다.

먼저, 리더가 꼭 알아야 할 것이 있다. '플레이어로서 우수했던 사람일수록 리더로서 실패할 위험성을 내포하고 있다.'는 사실이다.

우수한 사람일수록 실수하기 쉬운 두 가지 '잘못'

실패하는 리더는 크게 두 패턴으로 나눌 수 있다.

첫째는 세세하게 지도해 줘야 한다고 생각한 나머지 "이렇게 하면 더 나을 것 같은데?", "그러면 이렇게 해 보겠어?"라고 하나부터 열까지 친절하게 지도하는 사람이다.

그리고 둘째는 "내 등을 보고 배우도록 하게."라는 듯이 계속 플레이어로 활약하면서 부하 사원이 자신의 뒤를 따라오게 하는 사람이다.

사실은 양쪽 모두 최악의 패턴이다.

전자가 자상하고 좋은 리더처럼 보이지만 부하 사원의 자발적인 생각을 방해하기 때문에 실제로는 그들의 성장을 막는 리더다. 후자도 유능한 리더처럼 보이지만 실제로는 상사의 책임과 역할을 포기한 리더다.

나는 지금까지 3,000개가 넘는 회사를 지켜봤는데, 플레이어로서 우수한 사람일수록 이 두 가지 실패 패턴 중 하나에 빠지는 경향이 있었다.

처음으로 리더가 되어 부하 사원이 생기면 더는 이전과 같은 방식으로 일할 수 없으며, '전혀 다른 차원의 능력'이 필요하다. 그것이 바로 '매니지먼트 능력'이다. 이런 이야기를 하면 "나는 계속 플레이어로 살아갈 거니까 상관없어."라고 말하는 사람이 있다.

실제로 최근에는 처음부터 "저는 승진에 흥미가 없습니다." 라고 선언하는 젊은이가 늘고 있다. 그러나 상상력을 발휘해 보

라. 대부분의 직업에서 플레이어로서의 능력은 30대에 정점을 찍은 뒤 나이를 먹을수록 떨어진다. 더구나 결혼까지 하면 자녀 교육과 부모의 노후 문제 같은 여러 변수를 생각해야 하는데, 이런 상황에서 20~30대의 젊은이들과 동등한 성과를 올릴 수 있을까? 그리고 40대, 50대, 60대, 그 이후가 되어서도 20~30대와 같은 일을 하면서 끝까지 경쟁력을 유지할 수 있을까?

회사의 손발에 해당하는 현장의 인재는 젊을수록 좋다. 그러므로 젊은 리더는 하루라도 빨리 '손발'의 기능을 거쳐서 '신경'의 기능으로 올라가지 않으면 나이를 먹은 뒤에 뒤따라오는 후배들과 경쟁하느라 고생할 수밖에 없다. 또한 리더로서의 스킬, 즉 매니지먼트 능력이 없으면 '대체 가능한 존재'가 될 위험성도 높다.

한 마디로 회사에서 유능한 리더로 성장하지 않으면 오히려 괴로워지는 현실을 직시해야 한다는 말이다.
그런 괴로움을 견뎌낼 자신이 없다면 반드시 어딘가에서 '매니지먼트 능력'을 익혀야 한다.

리더십은 재능인가?

당신이 생각하는 '리더의 이미지'는 어떤 것인가?

배우지 않아도 자연스럽게 리더십을 발휘하는 천부적인 재능을 지닌 사람들이 있다. 그들이 지닌 리더십은 어린 시절부터 학교생활을 통해서 갈고닦은 '인간적인 매력'이라고도 할 수 있을 것이다. 카리스마가 있고 말과 열정으로 타인을 움직일 수 있는 유형인 그들은 반장에 뽑히거나 특별 활동에서 주장을 맡기도 한다. 하지만 그런 리더형은 대략 40명 정도 되는 학급에서 한두 명 정도로 소수에 불과하다.

그렇다면 리더형이 아닌 사람은 매니지먼트를 포기해야 할까? 아니면 지금부터 리더형으로 성격을 바꿔야 할까?

그럴 필요는 없다. 간단한 사고법을 익히고 발상을 전환하는 것으로 충분하다. 그러면 본래부터 리더형이었던 사람을 능가하는 '좋은 리더'가 될 수 있다.

그리고 이를 위한 방법으로써 힘을 발휘하는 학문이 바로 '식학'이다. 이 책에서는 식학을 바탕으로 '리더의 가면'이라는 무기를 당신에게 전수할 것이다.

'다섯 가지 포인트' 이외에는 무시해도 좋다

앞에서 이야기했듯이, 리더는 부하 사원 앞에 서면 '한 인간

존재'로서 많은 것을 생각하게 된다.

일에 관해, 가족에 관해, 인생에 관해.

특히 상대방을 잘 챙겨 주는 리더는 자신도 모르게 '순간적인 감정'으로 부하 사원에게 무언가를 자주 말하는 경향이 있다. 그러나 감정을 담은 즉흥적인 말과 행동이 부하 사원의 성장을 가로막는다는 사실을 알아야 한다.

리더에게는 무엇을 할 것인가 못지않게 무엇을 하지 않을 것인가를 판단하는 능력이 필요하다. 그러므로 식학의 관점에서 리더는 다음과 같은 '다섯 가지 포인트'에만 집중한다.

'규칙', '위치', '이익', '결과', '성장'

이것에만 초점을 맞춰서 매니지먼트를 해 보라. 카리스마도, 인간적인 매력도 필요 없다.

일상의 업무를 처리하다 보면 인간관계나 업무상의 트러블에 직면하고 '리더로서 어떻게 행동해야 할지' 고민하는 순간이 찾아온다. 그럴 때일수록 이 다섯 가지 포인트로 돌아가야 한다. 이처럼 리더가 '다섯 가지 포인트'에만 집중하고 나머지는 생각하지 않는 것을 이 책에서는 "리더의 가면을 쓴다."라고 말한다.

'말 한마디'가 나중에 효과를 발휘할까?

리더의 업무에는 거대한 종착점이 있다. 부하 사원을 성장시키고 팀의 성과를 최대화하는 것이다. 가령 부하 사원 10명을 매니지먼트하는 리더가 부하 사원 개개인의 힘을 1.3배로 끌어올린다면 어떻게 될까? 0.3 × 10명이므로 종합적으로는 세 명분의 성과를 더 올릴 수 있다. 그리고 이것이 리더의 '가치'가 된다.

그런데 좋은 게 좋다는 식의 관계에서는 조직이 성장하지 못한다. 조직이 성장하려면 리더와 멤버 사이에 '좋은 긴장감'을 형성하는 것이 중요하다. 그리고 이를 위한 최적의 도구가 바로 '리더의 가면'이다.

핵심을 짚는 말과 규칙 설정, 평가를 통해 최종적으로 멤버를 확실히 성장시키는 것이 앞에서 말한 "좋은 리더가 한 말은 '시간차'를 두고 천천히 효력을 발휘한다."의 진정한 의미다.

리더가 자상한 말을 해 주면 당장은 '좋은 사람'으로 인식되겠지만, 그 말은 부하 사원의 머릿속에 남지 않으며 나중에 효력을 발휘하지도 못한다.

'존경받고 싶다.'
'훌륭한 리더라고 인정해 주면 좋겠다.'

이런 '맨얼굴'을 보이지 않는 것이 '리더의 가면'이 주는 힘이다. 그리고 리더의 가면을 쓴다는 의미를 이해하면 리더형 성격이 아니더라도 매니지먼트를 할 수 있다. 내성적이어도 상관없다. 목소리가 크지 않아도 괜찮다. 핵심만 확실히 짚는다면 부하 사원을 성장시키고 결과를 내는 리더가 될 수 있다.

'가면'은 당신을 지켜 준다

지금까지 말한 '리더의 가면'에는 '페르소나(가면)'라는 심리 용어의 의미가 담겨 있다.

이미 우리는 평소에 다양한 '페르소나'를 상황에 맞춰서 자연스럽게 사용한다. 회사에서는 '회사원', '상사', '부하'라는 가면을 쓰고, 집에서는 '아버지', '어머니', '남편', '아내'라는 가면을 쓴다. 그리고 리더는 리더의 역할에 적합한 가면을 쓴다.

자신답게 있는 그대로의 얼굴로 살고 싶다고 생각하는 사람도 있을지 모른다. 그러나 그런 사람도 상사 또는 부하, 남편, 아내, 자식들을 대할 때는 상대에 따라 말투나 표정, 태도, 행동을 바꿀 것이다. 아니, 바꾸지 않으면 안 된다. 모두를 똑같이 대한다면 회사, 가정, 나아가서는 사회도 성립되지 않는다. "가면을 쓴다."라는 말에 저항감이 있는 사람도 '페르소나를 상황에 맞춰서 사용함으로써 인간관계의 문제를 없앤다.'라고 생각하면 가면을 쓰는 이점을 이해할 수 있다.

모든 사람과 인간 대 인간으로서 본심을 드러내며 인간관계를 맺기는 불가능하다. 그런 '자신다움'은 가족이나 자녀, 친구 앞에서만 드러내도 충분하다.

가면은 당신을 지켜 주는 것이기도 하다. 인간관계의 충돌을 없애는 방패가 되어 주며, 타인의 공격을 받아넘겨 주기도 한다. 리더의 가면을 쓰고 업무를 진행하다가 누군가에게 미움을 받더라도 당신의 인격을 부정당한 것이 아니다. 그럴 때마다 풀이 죽을 필요는 없다.

이 책을 읽으며 리더의 가면을 쓰고 리더로서 잘못된 말과 행동을 하나하나 고쳐 나가라. 그러면 당신의 팀이 원활하게 움직이기 시작한다.

왜 회사는 변화하지 못하는가?

여기까지 읽은 독자 중에는 '고작해야 리더의 말과 행동을 가지고 호들갑이 심하네.'라고 가볍게 생각한 사람도 있을지 모른다. '내 말 한마디에 부하 사원의 인생이나 조직의 운명이 바뀔리가 없잖아?'라고 생각한 사람도 있을 것이다.

그렇지 않다. 리더의 오해나 착각은 조직을 바꿔 나간다.

'이대로 가다가는 큰일이 나겠어. 회사를 변화시켜야 해.'

많은 조직이 이렇게 생각하며 개선에 나선다. 그러나 대부분은 일시적인 대처에 그칠 뿐이다. 비유하자면, 조직을 변화시키는 일은 '골반을 교정하는 과정'과 같다. 골반 교정을 받고 허리 통증이 사라졌다면, 끌어안고 있는 문제에 대처 요법을 실시해서 일단은 문제를 해결한 셈이다. 그러나 얼마 후, 나은 줄 알았던 허리에 또다시 통증이 찾아오고, 그래서 다시 골반 교정을 받는 과정을 반복한다.

이 문제를 해결하려면 일상 속에서 발생하는 어긋남을 없애야 한다. 골반 교정의 경우 선 자세나 앉은 자세, 걸음걸이에 문제가 있기 때문에 100걸음을 걸으면 골반이 100회가 틀어진다. 그런 틀어짐이 축적되는 까닭에 골반 교정을 한 번 받는 것으로는 근본적인 해결이 되지 않고 다시 틀어진 상태로 돌아가 버린다. 다시 말해 골반 교정이 아니라 일상의 걸음걸이나 앉은 자세, 선 자세를 바로잡아야 한다.

이것을 조직의 문제에 대입하면, 일상 속에서 발생하는 골반의 틀어짐은 '리더의 말과 행동'에 해당한다. 리더는 매일 부하 사원과 짧은 대화를 나누고 부하 사원에게 보고를 받아서 피드백하기를 반복하는데, 이때 어긋남이 발생하며 이것이 쌓이면서 점점 더 크게 어긋나고 만다.

가령 구성원이 30명인 조직에서 하루에 개개인과 커뮤니케이션을 20회씩 한다고 가정하자. 이때 20회의 커뮤니케이션에서 어긋남이 2회 발생한다면 전체적으로는 60회의 어긋남이 발생한다. 이 상태로 1개월이 지나면 어떻게 될까? 1년이 지나면 어떻게 될까?

이처럼 회사의 체질도 '골반 교정'을 반복하는 것만으로는 좋아지지 않는다.

아무리 책을 읽어도 평소의 습관을 바꾸지 않는다면 달라지는 것이 없듯이, 조직에서도 그저 결심만 새롭게 해서는 아무런 의미가 없다. 그래서 리더가 되돌아가야 할 '축'이 중요하다. 리더가 만들어 내는 '작은 어긋남'이 하루하루 축적되면 회사 조직을 나쁜 방향으로 바꿔 가는데, 그 '작은 어긋남'을 깨달을 수 있는 시기는 '처음으로 부하 사원을 두게 된 리더 1년 차'뿐이다.

어쩌면 이 책의 내용이 회사 방침이나 상사 또는 사장의 생각과 정반대여서 당신으로서는 선택의 여지가 없을지도 모른다. 그러나 당신이 인생을 살면서 '윗사람'이 되어 누군가를 이끌어야 하는 상황은 앞으로도 계속 일어날 것이다.

그러니 이 책에서 강조하는 '축'을 버리지 말기 바란다.

회사 조직의 나쁜 인습에 머리가 굳어 버리기 전에 식학의 '다섯 가지 축'을 이해하고 배우라. 그리고 리더의 가면을 활용하는 좋은 리더가 되라.

안도 고다이(安藤広大)

차례

Leader's Mask

리더의 가면을
쓰기 위한 준비

'착각'에 관한 이야기

Leader's Mask

구체적인 방법을 배우기에 앞서
'어떤 준비'를 하자.
말하자면 마음의 준비다.
지금까지의 '상식'은
이 책의 내용을 이해하는 데 방해가 된다.
상식은 생각의 습관이 되어
당신의 행동을 제약한다.

먼저 잘못된 상식을
완전히 제거하라.
미리 말하건대,
앞으로 책을 다 읽고 나서도
이 서장을 읽고 또 읽게 될 것이다.
몇 번이고 다시 읽으면서
당신의 생각을 전환하기 바란다.

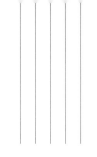

감정적인 리더가
일으킨 실패

Leader's Mask

먼저, 내가 직접 경험한 '실패'에 관한 이야기부터 하겠다. 이전의 직장에서 나는 굉장히 감정적인 리더였다. 일명 '내 등을 보고 배우게' 유형으로, 종종 부하 사원과 술을 마시러 가서 열심히 이야기를 들어 주며 그들의 의욕을 끌어올리려고 노력했다. 리더인 나 자신이 플레이어로서 최고의 성과를 내고, 내가 일하는 모습을 부하 사원이 보면서 자연스럽게 따라 하는 것이 '올바른 매니지먼트'라고 믿었기 때문이다.

그러나 부하 사원들은 내가 기대한 만큼 성장하지 못했다. 나는 계속해서 성과를 냈지만, 팀 전체는 실력을 발휘하지도 못하고 성과도 형편없었다. 오히려 내가 빠지는 순간 실적이 급락하는 취약한 팀이 되고 말았다.

그러던 어느 날, '식학'이라는 발상을 접하면서 내 생각은 180도 달라졌다.

조직 매니지먼트는 '수학'이다

우리는 지금까지 학교 교육을 통해 '분위기 파악하기'를 연습해 왔다. 모든 학습의 기초가 되는 국어 교육에서는 작자나 등장인물의 심리를 추측하고, 무엇을 생각하고 있는지 질문한다. 작문을 할 때도 감정 변화의 분위기를 읽고 그것을 올바르게 전하는 힘을 시험받는다.

말하자면, 분위기를 파악하는 훈련만을 받아 온 것이다.

예전의 나는 조직 매니지먼트를 '국어' 같은 것이라고 생각했다. 국어 시간에 문맥이나 의도, 감정 등을 읽어내는 것과 마찬가지로 사람의 마음이나 말의 행간을 읽어내서 상대방의 마음을 움직이는 것이 올바른 조직 운영이라고 생각했다는 말이다.

그러나 식학은 내게 조직 매니지먼트에는 '수학'이나 '물리'처럼 공식이 있음을 가르쳐 줬다. 수학처럼 식학 이론에 입각해서 매니지먼트를 하면 강한 조직을 만들 수 있을 뿐만 아니라, 일정한 공식에 따라 매니지먼트를 하기 때문에 오류 발생이 적고 재현성(사물이나 현상이 다시 나타나는 성질-역자주)까지 확보할 수 있다. 따라서 유능한 사람과 유능하지 못한 사람 사이에 격차가 생기지 않으며, 누구나 성과를 내는 것이 식학 이론의 장점이다.

'머리말'에서 이야기했듯이, 나는 이 발상에 충격을 받고 식학을 더 많은 사람에게 알리기 위해 회사를 설립했다.

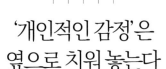

'개인적인 감정'은
옆으로 치워 놓는다

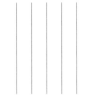

Leader's Mask

내가 이전의 직장에서 실패한 원인은 바로 '감정'이었다. 감정은 매니지먼트를 방해한다.

앞에서 매니지먼트는 국어가 아니라 수학이라고 말했는데, 수학 문제를 감정적으로 푸는 사람은 없다. 누구도 "1+1=2, 하지만 나는 3이 좋으니까 답은 3이야."라고는 말하지 않는다. 그저 공식에 대입하고, 공식대로 답을 얻으면 그 답이 정답이다.

만약 매니지먼트에서 동일한 '공식'을 모두가 이해하고 있지

41

않으면 무슨 일이 일어날까?

"1과 1을 더하면 어떻게 되는가?"
"나는 2라고 생각하는데, 1 더하기 1은 10이라고 말하는 사람도 있고 1이라고 말하는 사람도 있다."

공식이 모호한 조직에서는 이처럼 저마다 독자적으로 답을 생각하는 일이 빈번하게 일어난다. 그래서 커뮤니케이션을 통해 답을 절충하느라 시간을 보내고, 그 결과 각자의 업무 진행 속도가 느려진다.

그런데 이런 말을 하면 반드시 "너무 비인간적인데.", "인간미가 없어서 마음에 안 들어."라고 말하는 사람도 있다. '감정을 옆으로 치워 놓는다.'라는 말 자체가 감정을 뒤흔들기 때문이다.

그냥 이렇게 생각해 보라. 국어적인, 언뜻 '인간적'으로 보이는 매니지먼트를 했다고 가정하자. 그 결과 성과가 나지 않아서 고용을 유지할 수 없거나, 부하 사원들이 스킬을 익히지 못해 다른 직장이나 회사로 이직하지 못한다면 어떨까? 이쪽이 훨씬 '비인간적'이지 않을까?

매니지먼트에서 감정을 옆으로 치워 놓는다고 해서 리더가 감정 없는 로봇이 되라는 말이 아니다.

즉, 리더의 가면을 쓰는 것이 '무조건 차갑고 엄하게' 대하라는 의미가 아니라는 말이다.

고조되었던 감정은 결국 가라앉는다

'감정'은 옆으로 치워 놓아야 하지만, 감정을 드러내도 되는 순간도 있다. '결과가 나온 뒤'가 그렇다. 결과가 나온 뒤의 감정은 힘으로 바뀐다. 나쁜 결과가 나와서 화가 난다면 '다음에는 반드시 좋은 결과를 내자.'라고 생각할 것이고, 좋은 결과가 나와서 기쁘다면 '우리가 한 방식이 옳았구나.'라고 생각해서 다음 행동으로 이어 나갈 것이다.

반대로 감정을 드러내면 안 되는 시기는 출발해서 도착할 때까지다. 리더는 일을 시작하기 '전'이나 일을 하는 '도중'에 불필요한 감정을 끌어들이지 말아야 한다.

자신을 높은 곳에서 내려다보듯이 바라보라. 우리가 영화나 드라마를 볼 때도 친한 사람들이 그저 흥겹게 일하기만 하는 묘사에서는 아무런 감동을 느끼지 못한다. 등장 인물들이 온갖 어려움과 시행착오를 극복하고 목표를 달성한 후 감정에 북받치는 장면을 연출하면 그때 감동을 느끼기 마련이다.

회식과 같은 모임에서 단합을 위해 함께 구호를 외치거나 원형으로 둘러서서 분위기를 끌어올리는 회사도 있고, 술을 마시고 노래방에 가서 신나게 놀고 난 뒤 그 기세로 열심히 일하자는 팀도 있다.

그런데 식학의 관점에서는 이런 조직이 업무 과정에 감정을 개입시킨 대표적인 사례다.

인간의 감정은 고조되었으면 반드시 가라앉는 법이다.

"회식으로 분위기를 고조시켰는데 다음 날 숙취로 머리가 아파서 기분이 가라앉았다."

"어제는 의욕이 있었는데 오늘은 마치 다른 사람이 된 것처럼 의욕이 식어 버렸다."

"'제가 하겠습니다!'라고 의욕적으로 말했던 부하 사원이 전혀 열심히 하지 않는다."

당신의 회사에서도 이런 일이 종종 일어나고 있지 않은가? 이런 현상은 개인의 의욕 문제가 아니라, 애초에 인간의 의식이 그렇게 만들어졌기 때문이다. 그래서 의욕의 유무나 개인차에 의지하지 않는 '식학 이론'이 중요하다.

식학에서는 리더와 팀이 의욕을 높여서 단번에 업무를 처리하는 것보다 평상심을 유지하며 담담하게 성과를 내는 것이 훨씬 중요하고, 그런 환경을 조성하는 일이 리더의 임무다.

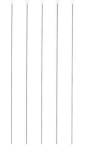

'다섯 가지 포인트'만으로
다른 사람처럼 변할 수 있다

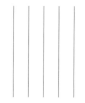

Leader's Mask

'머리말'에서 말했듯이, 리더의 가면은 비유일 뿐이다. 식학 이론에서 리더가 냉정하고 담담하게 성과를 내기 위해 되돌아 가는 '축'을 리더의 가면이라고 상상한다.

그리고 리더가 다섯 가지 포인트, 즉 '다섯 가지 축'에만 초점 을 맞춰서 매니지먼트하는 것을 식학에서는 '리더의 가면'을 쓴 다고 말한다.

이 책의 제1장부터 제5장이 그 다섯 가지 포인트에 해당한다. 먼저 각각의 포인트에 관해 간단하게 언급하고 넘어가겠다.

포인트1 '규칙'
그 자리의 분위기가 아니라 언어화된 규칙을 만든다.

포인트2 '위치'
대등한 위치가 아니라 상하 위치에서 커뮤니케이션을 한다.

포인트3 '이익'
인간적인 매력이 아니라 이익의 유무로 사람을 움직인다.

포인트4 '결과'
과정을 평가하는 것이 아니라 결과만을 본다.

포인트5 '성장'
눈앞의 성과가 아니라 미래의 성장을 선택한다.

이상이 다섯 가지 포인트다. 식학 이론에서는 여기에 초점을 맞춰서 매니지먼트를 재검토한다. 그런데 현 단계에서 이 다섯 가지 포인트만으로 매니지먼트를 한다면 리더는 다음과 같은 심리적 갈등을 겪게 될지도 모른다.

'이렇게 지도하면 부하 사원들이 나를 싫어해서 떠나지 않을까?'

그러나 생각해 보라. 회사는 고독함을 채우기 위한 장소가 아니다. 혹시 당신도 인간관계의 고독함을 직장에서 채우려고 하는가?

고독함이 싫다면 친구를 만들거나 취미에 몰두하면 된다. 고독함을 채울 방법은 회사 외부에 얼마든지 있다. 마음가짐을 그렇게 바꿔 나가는 것도 리더가 되는 시기에 중요한 일 중 하나다.

나는 지금까지 다양한 직장을 지켜봤는데, 직장에서 고독함을 채우려 하는 리더가 참으로 많다는 데 놀란다. 그들은 직장에서 인간관계를 매우 중요하게 생각하면서 다음과 같이 행동한다.

'사원의 생일을 기억해 놓았다가 생일 축하 카드를 보낸다.'
'점심시간에 다 함께 즐길 수 있도록 탁구대나 다트를 설치한다.'

이런 것이 리더가 저지르기 쉬운 실수 사례 중 하나다. '직장의 분위기가 좋아지면 업무 성과가 저절로 생긴다고 착각한 리더가 사원들의 감정을 매니지먼트하려는 것이다.

그러나 실제로는 순서가 반대다. 분위기가 좋아지니까 성과가 나는 것이 아니라, 성과가 나니까 결과적으로 분위기가 좋아지는 것이다.

그런데도 분위기가 좋아지면 성과가 난다고 생각하는 리더를 곳곳에서 볼 수 있다. 이렇게 착각하는 리더가 생겨나는 이유는 무엇일까?

'의욕'이라는 병

'의욕'이라는 말이 이런 착각의 근원이다. 부하 사원들의 상태에 맞춰 의욕을 끌어내거나 열심히 일할 이유를 부여하려고 항상 '의욕'에 대해서 생각하는 리더는 실패한다.

결과를 내지 못하는 부하 사원이 "의욕이 오르지 않아서……." 라고 변명할 수 있는 상황을 리더가 만들면 그 팀은 끝장이다. 리더는 그런 상황을 만들지 않도록 매니지먼트를 해야 한다.

따라서 이 책에서는 '의욕'이라는 말을 사용하지 않는다.

의욕은 일반적으로 리더십에서 중요하게 다루는 개념이지만, 식학 이론에서는 의욕을 부정한다. 앞에서 여러 번 이야기했듯이 리더의 역할은 부하 사원들의 의욕을 높이는 것이 아니라 성장시키는 것이다. 이를 위해 알아 둬야 할 이론과 실천법을 지금부터 각 장에서 설명하고자 한다.

리더가 인간의 의식구조를 이해하면 조직에서 어떤 오해가 만들어지고 어떻게 해야 오해를 피할 수 있는지 알 수 있으며, 부하 사원들이 행동하고 성장하도록 지도할 수 있다.

이 책에서 말하는 '식학'의 이론과 실천을 통해 직접 체득하길 바란다.

제1장으로 넘어가기에 앞서, 지금까지의 내용을 바탕으로 실무에서 활용할 수 있는 실천 지식을 익히고 리더가 될 준비를 하라.

다음 '서장의 실천' 편에서는 다섯 가지 질문을 준비했다. 앞으로 리더로서 수많은 갈등에 직면할 것이다. 그럴 때 이 다섯 가지 질문을 자신에게 던져 보라. 읽고 또 읽어서 당신의 사고 방식을 변화시키기 바란다.

서장의 실천

플레이어에서 리더로
발상을 전환시키는 질문

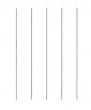

Leader's Mask

질문1. '좋은 사람'이 되려고 하고 있지는 않은가?

지금까지 당신은 직장 동료나 후배와 친하게 지내 왔을 것이다. 그러나 리더가 되고 부하가 생기면 친하게 지내려는 '감정'이 걸림돌로 작용한다.

이미 부하 사원들과 친해져 버린 사람은 일단 거리를 두라. 우리 사회에는 '상냥한 사람이 좋은 사람'이라는 고정관념이 있다. 상냥하게 대하면 표면상의 공포감이 줄어들기 때문에 마음이 편해지는 것은 사실이다. 그러나 마음이 편해지면 성장에 필요한 공포도 잘 느끼지 못하기 때문에 긴장감이 사라지고 좋은 게 좋다는 식의 관계가 되기 쉽다.

또한 리더는 '평등성'을 유지해야 한다. 리더가 모두를 평등하게 대하는 것은 물론이고, 부하 사원도 '우리 조직은 평등해.'라고 생각하도록 만드는 것이 중요하다. 사람은 타인과 비교하기를 좋아하는 동물이다. 부하 사원들은 '저 사람만 우대받고 있어.', '동기 중에 저 녀석만 특별대우야.'라는 말이 나오는 불평등에 민감하다. 그러므로 더더욱 상사와 부하 사원 사이에 거리를 둘 필요가 있다. 리더가 의식적으로 부하 사원과 거리를 두면 둘 사이에 건강한 긴장 관계가 생기고, 결과적으로 부하 사원도 성장한다.

질문2. '기다리는' 것을 참을 수 있는가?

우수한 플레이어는 결과를 내지 못하는 다른 플레이어를 잘 이해하지 못한다. 어떤 일이든 결과가 나오기까지는 '시간차'가 존재하는데 리더가 성급하게 도움의 손길을 내밀면 부하 사원의 실패는 줄어들지만, 그만큼 부하 사원이 실패에서 배울 성장의 기회를 빼앗아 버린다.

리더는 조급해 하지 말아야 한다. 플레이어라면 당연히 반기 혹은 1년 단위의 목표 달성에 집중해야 하지만 높은 직위에 오를수록 장기적인 안목과 관점이 필요하다. 리더가 장기적인 성장을 목표로 담담하게 일을 하다 보면 부하 사원이 신나게 일하는 회사로 떠나 버릴지도 모른다는 생각이 들기도 한다. 이때에도 식학의 관점에서는 "기다리시오."라는 말밖에 할 수가 없다.

그러므로 왁자지껄 즐거운 듯이 일하는 다른 부서를 보고 '왜 우리 부서는 분위기가 이렇지?'라고 생각하는 부하 사원이 있어도 리더는 꾹 참아야 한다. 매니지먼트는 매일 계속해 나가야 하는 장기전인데, 무능한 리더일수록 기다리지 못하고 부하 사원의 의욕이 떨어지지 않을까 걱정하며 쉽게 도와준다.

사기를 높임으로써 사람을 움직이는 방식은 '마약' 같은 것이다. 처음에는 효과적이지만, 점점 효과가 약해진다. 그래서 더 강한 자극이 필요하다. 사기를 높인다는 명목으로 회식을 하는 회사가 그런 경우다. 회식이 거듭되면 결국은 유명무실한 연례행사가 되고, 부하 사원은 가기 싫은데 어쩔 수 없이 상사의 눈치를 보며 참석하는 상황이 벌어진다.

장기적인 시점을 가지고 부하 사원들의 성장을 기다려라.

질문3. 부하 사원과 '경쟁'을 하고 있지는 않은가?

리더가 부하 사원들에게서 현장의 의견을 듣는 것은 중요한 일이다.

현장에 관해서는 리더보다 부하 사원이 더 잘 알기 마련이다. 그런데 리더가 "예전에는 이렇게 했어.", "나는 이런 식으로 했지."라고 참견을 하면 팀의 성장은 멈추고 만다. 리더 자신이 현장을 잘 아니까 조언을 해도 부하 사원이 순순히 들어줄 거라고 생각한다면 큰 착각이다. 리더가 해야 할 일은 부하 사원들에게서 정보를 수집하고 그 정보를 바탕으로 판단하는 것이다. 과거의 방식을 강요하며 부하 사원과 경쟁해서는 안 된다.

리더는 팀에서 책임을 지는 위치이므로 의사 결정에 필요한 정보만을 모으면 된다. 상사가 부하 사원보다 현장에 대해 더 상세히 알아야 할 필요는 없다.

한마디로 리더는 상사로서 책임이 있기 때문에 부하 사원에게 지시할 수 있는 위치에 있는 사람이다. 그 이상도 그 이하도 아님을 기억하라.

질문4. '매니지먼트'를 우선하고 있는가?

앞의 질문인 '부하 사원과 경쟁을 하고 있지는 않은가?'와도 공통되는 질문인데, 계속 플레이어로서 활동하는 리더, 특히 리더가 된 지 얼마 안 된 사람은 자신도 플레이어로서 일하는 '플레잉 매니저'인 경우가 대부분이다. 그럴 때 가장 중요한 리더의 자질은 설령 자신의 실적, 개인의 실적이 좋지 않더라도 부하 사원을 제대로 지도할 수 있는 역량이다.

무능한 플레잉 매니저는 자신의 실적이 좋지 않으면 미안한 마음에서 자신감을 잃어버린다. '내 실적이 이 모양인데 부하한테 무슨 말을 하겠어…….'라고 생각하는 것이다.

그러나 '플레이어' 역할과 '매니저' 역할 중에서 우선해야 할 것은 언제나 '매니저' 역할이다. 자신이 성과를 내지 못했더라도 리더는 그 팀의 책임자다. 책임을 맡은 사람은 어느 때 어떤 경우라도 '매니저' 역할에 전념해야 한다.

어쩌면 당신의 상사가 당신에게 "리더인 자네가 가장 우수한 성과를 내야 하네!"라고 말하는 경우도 있을지 모른다. 그렇다고 해도 부하 사원의 매니지먼트를 우선해야 한다는 사실은 변하지 않는다. 팀 전체가 성과를 내면 언젠가는 상사로부터 "자네가 직접 하게."라는 말을 듣지 않게 된다. 리더는 그렇게 믿고 기다려야 한다.

기억하라. 리더는 항상 '매니지먼트 우선'을 실천하는 사람이다.

질문5. '부하 사원이 그만두지는 않을지' 지나치게 신경 쓰고 있지는 않은가?

리더는 사원이 그만두는 것을 일일이 마음에 둘 필요가 없다. 사원의 의지에 따른 선택인 '그만둔다·그만두지 않는다.'에 관여하지 말아야 한다는 말이다.

조직의 규칙을 따르고 싶어 하지 않는 사람이나 성장 욕구가 낮은 사람이 떠나는 것은 어쩔 수 없는 일이다. 회사가 성장하고 자신도 성장하고 있음을 인식한다면 그만두는 사람은 없을 것이다. 물론 그런 경우에도 일정 확률로 퇴직자가 나오기는 하지만, 이것까지 리더가 어떻게 할 수는 없다. 그것은 리더가 아니라 그 사원 '개인의 문제'다.

그렇다고 "나약한 놈은 떠나 버려."라며 리더가 부하 사원을 내친다는 의미가 아니다.

오히려 그 반대다. 식학 이론은 구성원 모두를 활용한다는 것이 기본적인 방침이다. 조금 더 엄밀히 말하면 열심히 일하려는 사람을 모두 활용한다는 것이다. 조직이 제대로 돌아가면 능력에 상관없이 구성원 전원이 성장할 수 있다. 리더가 할 수 있는 일은 부하 사원이 성장할 기회를 주는 것 뿐이다. 부하 사원이 그만두지 않도록 리더가 고민할 필요는 없다.

이런 관점에서 리더는 아래와 같이 '성장 이외의 것'을 미끼로 사용해서 부하 사원의 이탈을 억지로 막으면 안 된다.

'쉽게 달성할 수 있도록 목표를 극단적으로 낮춘다.'
'일주일에 한 번은 함께 식사하면서 고민을 들어준다.'
'포상으로 모두 함께 여행을 간다.'

이런 식의 매니지먼트는 부하 사원의 성장에 제대로 효과를 발휘하지 못한다. 회사를 그만두려는 부하 사원을 술집에 데려가서 함께 술을 마시며 이야기를 나누고 '적절한 조치를 취했어.'라고 생각하는 것은 리더의 착각이자 자기만족일 뿐이다.

기억하라. 첫 질문인 '좋은 사람이 되려고 하고 있지는 않은가?'와도 이어지지만, 본래 리더가 해야 할 역할을 다하고 있다면 '그만둔다·그만두지 않는다.'를 고민하는 부하 사원의 문제는 리더 책임이 아니다. 이것이 다섯 번째 질문의 요점이다.

* * *

지금까지 리더의 가면을 쓰기 전에 준비해야 할 다섯 가지 질문을 소개했다. 이것은 전부 리더에게 '축'을 확인하는 질문이다. 만약 이 질문에 흔들림 없이 대답하지 못한다면 팀에 위기가 찾아온 것인지도 모른다. 그리고 이때 리더가 올바르게 판단할 수 있는가, 흔들림 없이 축을 유지하는가가 매우 중요하다.

당신도 이 책을 읽는 과정에서 자신에게 이 질문들을 끊임없이 던져 보기 바란다.

이제 본격적으로 식학에서 이야기하는 다섯 가지 축을 살펴볼 것이다. 그 전에 다시 한번 다섯 가지 축을 확인하라.

규칙, 위치, 이익, 결과, 성장

제1장

안심하고 횡단보도를
건널 수 있게 하라

'규칙'의 사고법

Leader's Mask

당신은 '규칙'이라는 말을 들으면
직감적으로 어떤 느낌을 받는가?
아마도 부정적인 느낌을 받을 것이다.
속박하고 자유를 억압한다는
인상을 주기 때문이다.
그러나 실제로는 정반대다.
인간은 규칙이 있을 때 비로소 자유로워진다.

국가에는 법률이 있고, 길에는 도로교통법이 있다.
그러므로 안심하고 비즈니스를 할 수 있으며
안전하게 길을 걸을 수 있다.
이 장에서는 리더가 제일 먼저 해야 할 일인
'좋은 규칙 설정'에 관해 이야기할 것이다.
부하 사원이 무법 지대에서 혼란에 빠지지 않도록,
먼저 규칙을 설정하고 그 규칙을 지키게 하라.

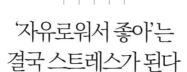

'자유로워서 좋아'는
결국 스트레스가 된다

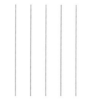

Leader's Mask

"규칙을 지키시오."라는 말을 들으면 마치 감옥에 갇히기라
도 한 것처럼 반응을 보이는 사람이 있다. 그러나 규칙을 지키
며 사는 사람은 적절한 규칙이 있는 편이 더 편하다. 가령 학교
에서 했던 여름 방학 숙제를 떠올려 보라.

"무엇이든지 좋으니 흥미가 있는 주제를 자유롭게 연구해서
발표하세요."
"도화지에 원하는 그림을 그려 오세요."

학창 시절에 이런 방학 숙제를 받은 적이 있지는 않은가? 받았다면 그때 어떤 기분이 들었는가? 틀림없이 굉장한 스트레스를 느꼈을 것이다.

그렇다면 방학 숙제를 다음과 같이 바꿔 보자.

"좋아하는 생물을 한 종류 선택해서 연구하고 발표하세요."
"먼저 도화지 한가운데에 커다란 원을 그린 다음, 여기에서 연상되는 그림을 자유롭게 그려 오세요."

각각 '생물', '커다란 원'이라는 규칙을 추가했을 뿐인데 스트레스가 상당히 줄어든다.

이처럼 규칙을 정하는 것은 리더가 하는 업무 중에서 가장 중요한 일이다. 밖에서 길을 걸을 때 교통 규칙에 스트레스를 느끼는 사람은 없다. 수많은 교통 규칙이 있지만 자동차는 원활하게 달린다. 반대로 교통 규칙이 없으면 도로 상황은 엉망이 되어 버린다.

규칙을 '정하는 사람'과 '지키는 사람'

조직을 운영할 때는 반드시 규칙이 필요하고, 실무의 관점에서 그 규칙을 정하는 것이 리더의 역할이다. 그런데 리더가 규칙을 정하고 실행할 때 여기에 개인적인 감정을 담으면 문제가 발생한다.

'저 친구는 목표를 잘 달성하고 있으니 지각을 해도 눈감아 주자.'
'승진했으니 인사하지 않아도 돼.'
'저 친구는 마음에 안 드니까 엄하게 주의를 주자.'
'도중에 들어온 친구니 이전 직장에서 하던 대로 해도 넘어가 주자.'

이렇게 예외를 만들면 팀이나 조직은 매우 위태로워진다.

'멈춤 신호지만, 급하니까 지나가도 되겠지.'

이렇게 생각하는 운전자의 자동차를 한 대라도 허용하면 도로가 순식간에 난장판이 된다. 회사도 마찬가지다. "저 사람한테는 허용해 주면서 왜 저는 안 된다는 겁니까?"라고 말하는 사람이 나타나면 조직은 엉망이 된다.

애초에 회사에서 '상사', '부하' 등의 역할 자체가 규칙의 산물이다. 규칙상의 관계이므로 회사를 운영하는 데 규칙이 필요한 것은 당연한 일이다. 이것은 딱히 상사가 인간적으로 더 대단해서가 아니다. 회사라는 존재 자체도 혼자의 힘으로는 달성할 수 없는 커다란 사회적 목적을 달성하기 위한 '기능'에 불과하다. 따라서 회사도 규칙상의 관계이므로 규칙을 통해서 운영하는 것이 맞다. 그런데 여기에 감정을 개입하면 '규칙상의 관계'라는 의식이 사라진다.

그러므로 리더는 개인적인 감정으로 움직여서는 안 되며, 리더의 가면을 쓰고 누구라도 규칙을 지키게 해야 한다.

'분위기 파악하기'는 이제 그만두라

교통 규칙에 관한 예를 조금 더 들어 보자. 조직에서 사전에 명확한 규칙이 없는 상황은 교통경찰에게 다음과 같은 말을 듣는 것과 같다.

"지금 시속 60킬로미터로 달렸지요? '자유롭게 달려도 좋습니다.'라고 말하기는 했지만, 사실 여기는 시속 50킬로미터 이상으로 달리면 안 되는 곳입니다. 규칙을 위반했으니 벌금을 내셔야겠습니다."

교통경찰이 이렇게 말하면서 딱지를 뗀다면 어떻겠는가? '아니, 그렇다면 처음부터 그렇게 말을 했어야지!'라는 생각이 들 것이다. 리더는 이런 오류를 없애야 한다.

어느 벤처 기업에서 일하는 사람이 내게 이런 말을 했다.

"자유로운 사풍이라고 해서 자유롭게 행동했는데 나중에 상사가 주의를 주더군요. 자유롭다고 해도 결국 규칙은 상사가 정하는 것이니, 처음부터 말을 해 줬으면 좋겠습니다."

규칙이 명확하지 않으면 부하 사원은 스트레스를 받는다. 리더의 눈치를 보고 분위기를 파악하면서 행동할 수밖에 없기 때문이다. 어디에 지뢰가 매설되어 있는지 알 수 없는 곳에서 자유롭게 돌아다니는 것은 불가능하다.

그래서 역설적이지만 명확한 규칙이 있는 회사의 업무 분위기와 인간관계가 더 좋은 법이다.

서로의 '짜증'을 없애는 것부터 시작한다

내가 운영하는 회사도 좋은 업무 분위기와 인간관계를 유지한다. 모두가 지켜야 할 규칙이 명확히 정해져 있기 때문이다.

'이곳은 일을 하는 곳'이라는 공통 의식 속에서 필요 이상으로 접촉하지 않는다. 필요 이상으로 접촉하지 않으므로 감정의 마찰이 일어날 일이 없다. 이처럼 식학의 발상에 따라서 규칙을 설정한 조직 사람들은 모두 "쾌적해졌습니다.", "일에 집중할 수 있게 되었습니다."라고 말한다.

다음은 어느 부동산 회사의 과장 이야기다. 그는 평소에 일을 하면서 짜증이 날 때가 많았다. 과장 혼자서 매출의 70퍼센트를 올리고 있으며, 그 모습을 부하 사원들에게 보여주는 방법으로 매니지먼트를 하고 있었기 때문이다. 전형적인 '규칙 부족' 상태였다.

문제를 해결하기 위해 식학을 도입한 과장은 부하 사원들이 지켜야 할 것들을 규칙으로 만들었다. 그러자 한 명 한 명의 행동이 달라지면서 팀이 스스로 움직이기 시작했고, 그 결과 짜증 나는 일도 줄어들었다.

리더가 정하는 규칙이 조직 구성원의 스트레스를 없애고 성장을 이끈다. 나는 지금까지 규칙이 많아서 성장이 멈췄다는 이야기는 들어 본 적이 없다. 규칙이 있을 때 비로소 안심하고 횡단보도를 건너고 앞으로 나갈 수 있기 때문이다.

이 사실을 기억하라.

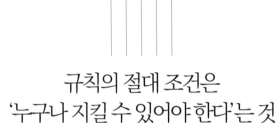

규칙의 절대 조건은
'누구나 지킬 수 있어야 한다'는 것

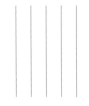

규칙에 관한 개념을 이해했다면 지금부터는 리더가 해야 할 일을 설명하겠다. 리더가 해야 할 일은 바로 이것이다.

'규칙을 만들고, 그것을 지키게 하는 것.'

규칙은 크게 두 종류로 나눌 수 있다. '행동의 규칙'과 '자세의 규칙'이다. 먼저, '행동의 규칙'이란 '하루에 10곳을 돌아다니며 영업을 한다.', '회사에 1,000만 엔의 이익을 안긴다.'와 같은 규칙이다. 이런 규칙은 회사가 설정한 목표와 연동된다. 따라서 지킬 수 있는 경우와 지키지 못하는 경우가 있으며, 부하 사원은 그 결과에 따라 평가를 받는다. 자세한 내용은 제4장에서 이야기하겠다.

여기에서는 후자인 '자세의 규칙'에 관해 자세히 설명하겠다. '자세의 규칙'이란 '할 수 있다·할 수 없다.'가 존재하지 않는 규칙이다. 말 그대로 자세가 중요한 규칙이기에 '자세의 규칙'이라고 부른다.

'인사를 합시다.'
'회의에는 늦지 않게 참석합시다.'
'일일 업무 일지를 17시까지 제출합시다.'

이와 같은 규칙이 자세의 규칙에 해당한다. 리더에 대한 자세를 나타내는 자세의 규칙에는 '하려고 마음만 먹으면 누구나 지킬 수 있다.'는 특징이 있다. 따라서 '할 수 있다·할 수 없다.'가 존재하지 않으므로 지키지 않는 사람은 '의도적으로 지키지 않은' 셈이 된다. 자세의 규칙을 철저히 지키게 하는 것이 조직에서 리더가 최우선으로 해야 할 일이다. 이것을 못하는 리더는 리더로서 자격이 없다.

규칙이 '동료 의식'을 만든다

'자세의 규칙'을 결정하고 그것을 지키게 하면 커다란 이점이 있다. 멤버에게 '나는 이 조직 속에 있구나.', '이 회사의 일원이구나.'라는 인식을 심어 줄 수 있기 때문이다.

학창 시절의 친구 관계를 상상해 보라. 최소한 서로 악담은 하지 않는다는 암묵의 규칙을 모두가 지키고 있으면 서로가 친구라는 생각을 공유했을 것이다. 반대로 그 암묵의 규칙을 깨는 사람이 나타나면 '이 녀석과는 계속 친구로 지내기 힘들겠구나.'라고 느꼈을 것이다.

그런데 회사는 학교가 아니므로 그 규칙을 '언어화'해서 공유할 필요가 있다. 말로만 전하지 말고 언제라도 볼 수 있도록 이메일이나 공유 파일 등에 문장으로 기록해 놓는다.

규칙은 팀 혹은 조직별로 달라도 상관없다. 극단적으로 말하면 어떤 규칙을 정하든 자유다. '할 수 있다·할 수 없다.'가 존재하지 않는 규칙을 설정하고 그 규칙을 무조건 지키게 하는 것이 중요하다. 그럼으로써 '상사와 부하', '리더와 멤버'의 관계가 형성되어 간다. '자세의 규칙'이 없는 조직에서는 조직에 대한 귀속 의식이 좀처럼 생겨나지 않는다.

다만 부하 사원별로 규칙이 다르면 안 된다. 가령 "너는 일이

너무 바쁘면 회의에 참석하지 않아도 돼."라든가 "자네는 일일 업무 일지를 월말에 몰아서 제출해 왔으니까 앞으로도 계속 그렇게 하게."와 같이 사람에 따라 다른 규칙을 적용하는 상황이 그런 경우다. 리더가 부하 사원을 배려한 것이지만, 이렇게 하면 조직에 대한 구성원의 귀속 의식이 약해진다.

규칙은 '전원이 지킬 수 있는 범위'에서 통일시켜야 한다. 공통의 규칙을 지키는 것은 그 조직의 일원이라는 의식으로 이어진다.

구체적인 실천 방법에 관해서는 이 장의 실천 편에서 설명하겠다.

'부하 사원의 반발'을 극복하려면 어떻게 해야 할까?

실제로 '자세의 규칙'을 실행했을 때 발생하는 문제로는 어떤 것이 있을까?

한 헤드헌팅(인재를 소개하는) 업체에서 이런 일이 일어났다. 리더가 '인사를 한다.', '시간을 엄수한다.' 등을 자세의 규칙으로 정하고 부하 사원에게 전하자 "그런 건 굳이 명문화하지 않아도 기업 문화로 충분히 만들어 나갈 수 있는 것이 우리 회사의 강점 아닙니까?"라는 부정적인 반응이 나온 것이다.

새로운 시도는 반드시 반발에 부딪힌다. 사람이나 조직에는 그때까지 해 왔던 방식을 계속하려는 습성이 있다. 그렇기 때문에 감정을 배제하는 '리더의 가면'이 중요하다.

앞의 리더는 미움을 받든 말든 상관하지 않고 "규칙은 규칙이야."라고 부하 사원들에게 말하며 규칙을 실행시켰다. 부하 사원이 규칙을 지키지 못하면 "이번에는 규칙을 못 지켰으니 다음부터는 지키도록 하게."라고 지적했다. 그러자 1개월이 지난 후에는 다음과 같은 호의적인 의견이 나왔다.

"그동안 인사를 꼬박꼬박했다고 생각했는데, 사실이 아니었습니다."
"규칙이 생긴 뒤로 회사의 분위기가 좋아졌습니다."

결과적으로 리더에게 이 1개월을 참고 기다리는 인내력이 요구되었던 것이다.

앞에서 이야기했듯이, 규칙은 무엇이든 상관없다. 독자적인 규칙을 설정하는 것도 한 가지 방법이다. 참고로 우리 회사에는 '상사가 회의실에 들어오면 일어선다.'라는 규칙이 있다. 회사 밖에서 손님이 기다리고 있으면 "용건은 말씀하셨습니까?"라고 물어보는 것도 규칙으로 정했다.

"규칙을 만들고 그 규칙을 지키게 하십시오."라고 말하면 '그랬다가는 다들 회사를 그만두지 않을까?', '나를 싫어하게 되면 어떡하지?'라고 걱정을 하는 사람이 있는데, 그런 심리적인 장애를 극복하고 인간관계의 고민을 만들지 않게 하는 것이 리더의 가면 본질이다. 다음 주제에서 조금 더 자세히 살펴볼 것이다.

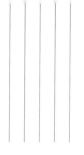

무엇이
'리더로서 실격'인 행동일까?

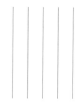

많은 사람들이 직장에서 인간관계 때문에 고민한다. 그러나 식학에는 '인간관계'라는 개념이 존재하지 않는다. 상사는 상사의 역할을 하고, 부하 사원은 부하 사원의 역할을 한다. 규칙에 따라서 규율 있게 움직인다. 단지 이것뿐이다. 여기에 불필요한 감정은 발생하지 않는다. 그런 까닭에 정신적으로 피곤해질 일이 없다.

감정적으로 움직이는 조직에서는 리더가 부하 사원에게 호감을 사려고 한다. 부하 사원도 리더에게 호감을 사려고 한다.

그러면 '인간관계'라는 문제가 생겨나며 관계가 불편해지고 정신적으로 피곤해진다.

'상사가 마음에 들어서 상사의 말을 잘 듣는다.'
이런 상황은 언뜻 좋게 생각될지도 모른다. 그러나 이것을 뒤집어 말하면 '상사가 마음에 들지 않아서 상사의 말을 듣지 않는다.'라는 상황도 일어날 수 있음을 의미한다.

상사에 대한 호불호가 상사의 지시를 따를 것인가 따르지 않을 것인가의 척도가 되는 상황을 만들어서는 안 된다. 올바르게 언어화한 규칙을 통해 운영되는 조직에서는 업무를 볼 때 감정을 개입시키지 않는다. 그 결과 인간관계의 고민도 사라진다.

"하나부터 열까지 규칙투성이인 경직된 회사를 어떻게 생각하십니까?"

이런 질문을 받을 때도 많다. 나는 설령 그렇더라도 규칙이 없는 회사보다는 훨씬 낫다고 생각한다. 규칙이 없어서 생겨나는 스트레스로부터 부하 사원들을 해방시키는 것이 더 중요하기 때문이다.

팀의 '요주의 인물'

팀이나 조직이 주의해야 할 것이 있다. '공동체 외부로 나가 버리는 사람'의 존재다.

"우리 회사는 속도감이 없다는 게 문제야."
"내가 없으면 우리 회사는 돌아가지 않아."

당신의 회사에도 이처럼 마치 평론가인 양 행동하거나 개인의 힘을 과신하는 사람들이 있을 것이다. 그들의 말이나 행동을 바로잡아 나가는 것도 리더의 중요한 역할이다.

그렇다면 어떻게 해야 그들에게 공동체에 대한 귀속 의식을 심어 줄 수 있을까? 이때 필요한 것이 바로 '자세의 규칙'을 설정하고 그 규칙을 지키게 하는 것이다. 이 과정에서 "저는 그런 규칙은 지킬 수 없습니다."라고 반발하는 사람은 그 조직 혹은 회사에 맞지 않는 사람이다. 이것이 규칙을 지키지 않는 사람을 대하는 식학의 관점이다.

물론 리더에게는 그 사람을 그만두게 할 권한이 없다. 인사권은 경영자에게 맡기고, 리더는 그저 규칙을 지키게 하는 것에만 집중한다. 감정적으로 움직여서는 안 된다.

실제로 규칙을 지키지 않는 사람이 있더라도 그 사람만을 특별히 취급해서는 안 된다. '미움받고 싶지 않아.', '좋은 사람으

로 인식되고 싶어.'라는 감정을 꾹 억누르고 리더의 가면을 써야
한다.

다음은 어느 음식점 지점의 매니저 이야기다. 경력직으로 입
사한 한 매니저가 좀처럼 매출액을 끌어올리지 못했다. 그는 자
신이 경력직 입사라는 것에 부담감을 느끼며 현장과 제대로 커
뮤니케이션을 하지 못한 것이 원인이라고 착각하고 있었다. 즉,
'매출 문제'를 '커뮤니케이션 부족'이라는 다른 문제로 바꿔치
기했던 것이다.

이런 경우도 리더가 해야 할 일은 같다. 규칙을 설정하고 규
칙대로 행동하고 있는지에만 집중하며 매니지먼트를 해야 한
다. 그러면 눈앞의 인간관계 문제와 상관없이 멤버들이 망설이
지 않고 업무를 수행할 수 있다.

실제로 그렇게 매니지먼트를 실행한 그 지점 매니저는 동료 매
니저 중에서 최고의 실적을 기록했다.

지금까지 말한 것처럼 규칙 설정에 초점을 맞추는 식학의 관
점은 공동체에 대한 귀속 의식을 빠르게 구축하고 일찍 결과를
내고자 할 때 효과적인 방법이다.

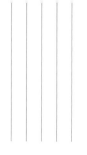

'나쁜 규칙'은 모두를
혼란에 빠트린다

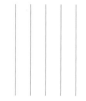

Leader's Mask

리더가 부하 사원에게 규칙을 지키게 할 때 중요한 포인트가 두 가지 있다.

첫째는 '주어를 분명히 하는 것'이고, 둘째는 '누가 무엇을 언제까지 할지 명확히 하는 것'이다. 당연한 말처럼 들리겠지만, 이것을 지키지 못하는 리더가 놀랄 만큼 많다. 이 두 가지를 충족시키지 못하는 규칙은 전부 '나쁜 규칙'이다.

그러면 각각의 포인트에 관해 살펴보자.

'자신을 주어로 사용한다'라는 자세

먼저 살펴볼 포인트는 '주어를 분명히 하는 것'인데, 나쁜 패턴인 '자신을 주어로 사용하지 않는 화법'을 생각하는 편이 좀 더 이해하기 쉽다. 다음과 같은 화법이 그 사례들이다.

"이 회사에서는 일찍 출근하는 게 좋아."
"일반적으로 인사는 해야지."
"그 일 말인데, 빨리 안 하면 위에서 화를 낼 거야."
"설령 못하더라도 부장님한테는 내가 잘 말해 두지."

이런 화법은 최악이다. 특히 세 번째의 "위에서 화를 낼 거야."라는 리더의 말은 부하 사원과 같은 처지가 되어서 윗사람과 대치하는 상태를 만들어 낸다. 즉, 리더가 부하 사원과 같은 위치에서 말을 하는 것이다. 리더가 책임을 회피하는 이런 화법을 사용하면 심각한 상황을 만든다.

부하 사원은 리더가 자신과 같은 위치로 내려와 줬으니 당연히 리더에 대한 두려움이 사라진다. 이렇게 부하 사원과 리더가 '동료'가 됨으로써 상호 긴장감이 없는 관계가 되고 나면 부하 사원의 성장은 멈추고 만다.

처음 리더가 된 사람이 이런 화법을 사용하는 경향이 있다.

플레이어로서의 기분이 남아 있어서 윗사람처럼 말하는 것에 저항감을 느끼기 때문이다. 그러나 계속 책임을 회피하는 화법을 사용하면 지시하고 책임지는 것을 더욱 기피하게 되고, 결국 '눈치를 보면서 중재만 하는 사람'이나 '도움이 안 되는 상사'가 되어 간다. 이런 상황은 실패 사례로서 교과서에 실어도 될 만큼 자주 일어나는 현상이다.

책임을 회피하는 리더 밑에서는 팀이 성장하지 못한다. 실제로 회사에서 직위가 상승해 조직의 '넘버투' 같은 존재가 된 리더가 이런 행동을 하기 시작하면 그 회사는 끝장이다. 그만큼 위험한 행위다.

'누가 무엇을 언제까지 할 것인가?'를 명확히 한다

두 번째 포인트는 '누가 무엇을 언제까지 할지 명확히 하는 것'이다. 이 또한 자신을 주어로 사용하는 것 못지않게 중요하다. 가령 사무실의 청소를 팀이 분담할 때, 리더가 다음과 같은 규칙을 설정하면 어떨까?

"사무실은 늘 청결해야 하니, 지저분한 곳을 발견한 사람이 솔선해서 청소하도록 합시다."

이런 표어 같은 규칙으로는 누구도 청소하지 않을 것이다. 멤버를 혼란에 빠트리는 나쁜 규칙의 전형이기 때문이다. 설령 멤버 중 일부가 청소를 하더라도 '매번 나만 청소를 하네.'라며 불공평함을 느끼게 만드는 규칙이다. 규칙이 모호하면 청소를 하는 사람과 하지 않는 사람 사이에 편차가 생기고, 그 결과 팀은 엉망이 되어 버린다. 올바른 방법은 다음과 같이 멤버가 해야할 일을 명확하게 언어화하는 것이다.

"월요일에는 A가 사무실 복도를 청소하게. 16시까지는 청소를 마치도록."

이렇게 하면 A는 월요일 이외에는 청소에 관해 생각할 필요 없이 자신의 업무에만 전념할 수 있고, 다른 멤버들도 월요일 청소를 A에게 맡기고 자신들의 업무에 집중할 수 있다. 이렇게 해서 보이지 않는 스트레스를 없애 나가고, 규칙대로 행동하지 않을 때는 지적을 한다. 이것이 리더의 역할이다.

그러므로 규칙을 사전에 정해 놓아야 한다. 규칙이 없으면 모두가 혹시 눈에 보이지 않는 규칙이 있지 않을까 노심초사하면서 의심병에 걸리고, 인간관계가 삐걱대기 시작한다.

"왜 다들 이걸 하지 않는 거지?"

"누군가 좀 더 도와줬으면 좋겠어."

이런 목소리가 나오는 회사는 위험한 상태다. 명확한 규칙 없이 개개인의 재량에 맡겨 버리면 업무의 우선순위에 대한 인식 차이가 생겨난다. 그러나 규칙을 설정하면 모두의 의식이 '사무실은 청결해야 한다.'라는 공통의 이익을 향하도록 만들 수 있다. 규칙으로 정해 놓으면 도와야 할지 말지 고민하는 상황은 발생하지 않으며, 오늘 하기로 정해진 사람이 하도록 지적만 하면 된다.

규칙이 있는 조직에는 '배려심에서 하는 일'이라는 개념이 없기 때문에 'A는 좀 더 다른 사람을 배려해 줬으면 좋겠어.'라는 감정의 마찰이 일어나지 않는다.

'방식'을 바꾸는 최고의 타이밍

마지막으로, 조직이 커짐에 따라 고민에 빠졌던 어느 컨설팅 회사의 부장을 소개하겠다.

그 부장은 과거의 나와 마찬가지로 '부하 사원에게 감정적으로 다가가는 것'을 의식하는 리더였다. 부하 사원의 안색이 좋지 않아 보이면 사기를 북돋아 줬고, 늦게까지 일하는 사원에게는 격려의 말을 아끼지 않았으며, 설령 작은 규모라 해도 수주에 성공하면 축하 메일을 보냈다. 술을 좋아하는 멤버와는 함께 술을 마시러 가서 스트레스를 풀어 주고, 방법을 몰라 쩔쩔매는 부하 사원이 있으면 다가가서 친절하게 가르쳐 줬다.

처음에는 이런 방식이 매우 효과적이었다.

그러나 회사가 커지고 새로운 멤버가 늘어나자 이 방식이 통하지 않았다. 이런 과정은 성장하는 조직에서 공통적으로 일어나는 현상이다. 만약 같은 방식을 계속 고집했다면 부장이 자신과 가까운 부하 사원만을 '편애'한다고 생각한 다른 멤버들이 나쁜 감정을 품기 시작했을 것이다.

결국 부장은 다른 부서는 어떤지 관찰하기로 마음먹었다. 그리고 자신과 정반대로 감정을 드러내지 않는 유형의 매니저가 팀을 더 잘 이끌고 있다는 사실을 깨달았다.

누구라도 자신의 방식을 바꾸는 것은 매우 어려운 일이다. 지금까지 자신의 방식으로 효과를 봤기 때문에 그것이 올바른 방식이라고 본능적으로 믿고 싶어 한다. 인간이 그런 존재다. 그 부장도 이 문제로 심적 갈등을 크게 겪다가, 결국 조직의 성장을 선택하고 식학의 방법을 실천하기 시작했다.

방식을 바꾸자 처음에는 반발하는 고참 멤버들도 있었다. 이럴 때 위력을 발휘하는 것이 '리더의 가면'이다. 묵묵히 계속해서 결과를 내면 시간이 흐름에 따라 부하 사원들도 깨닫게 된다. 마찬가지로 컨설팅 회사의 고참 멤버들도 드러나는 성과를 보면서, 부장이 방식을 바꾼 것이 올바른 선택이었음을 뼈저리게 느꼈다. 또한 부장의 선택에 대해 부하 사원들은 "부장님의 눈치를 볼 필요가 없어져서 일하기가 편해졌습니다."라는 평가를 내렸다.

팀이 성장하느냐 성장하지 못하느냐는 리더가 감정적으로 다가가기를 그만두느냐 그만두지 못하느냐에 달려 있다.

위의 이야기는 이 사실을 가르쳐 주는 좋은 사례다.

지금까지 제1장에서는 리더가 제일 먼저 해야 할 일로서 '규칙'의 사고법을 소개했다.

'이런 건 굳이 말을 안 해도 이해하겠지.'
'눈치껏 알아서 하겠지.'

이런 매니지먼트는 이제 그만두라. 리더는 부하 사원들에게 무법 지대에서 분위기를 파악하며 행동하도록 강요해서는 안 된다. '자세의 규칙'처럼 '간단해 보이지만 지켜지고 있지 않은 것'을 부하 사원들이 지키도록 하는, 사소해 보이는 이 차이가 앞으로 리더의 매니지먼트 인생에서 큰 차이를 만들어 낼 것이다.

마지막으로, 조금 모질게 말하면 부하 사원들에게 '자세의 규칙'조차 지키게 하지 못하는 리더는 큰일을 해낼 수 없다. 이 정도의 각오로 실천해 보라.

'자세의 규칙'을
설정해 본다

Leader's Mask

이 장의 포인트를 정리하면서 실제로 '규칙 설정'을 해 보자.

당신이 회의 때마다 늦는 멤버 때문에 문제를 안고 있다고 가정하겠다.

✕ "회의 시간에 늦지 않게 참석하자."

부하 사원들이 이렇게 느끼도록 분위기를 조성하고 있다면 당신은 리더로서 실격이다. 인식의 엇갈림이 원인이 되어 발생하는 문제는 상사인 리더의 책임이기 때문이다.

리더가 제일 먼저 해야 할 일은 누구나 지킬 수 있는 자세의 규칙을 만드는 것이다.

○ "회의가 시작되기 3분 전에는 전원이 자리에 앉아 있도록 합시다."

이처럼 누가 무엇을 해야 할지를 명확히 하라. 또한 그 규칙을 입으로 한 번만 말하고 끝내서는 안 된다. "저는 못 들었습니다.", "1분 전이 아니었나요?"라고 반론할 여지가 생기기 때문이다.

· 모두에게 단체 메일로 전달한다.
· 전원이 볼 수 있는 공유 파일을 만든다.
· 규칙을 종이에 정리해서 배포한다.

이런 식의 방법으로 이후에도 확인할 수 있게 하고, 이때 주어가 모호하지는 않은지 신경 쓴다.

× "위에서 그렇게 말했기 때문에"
× "모두가 지키게 하고 있으니"

○ "내가 그렇게 결정했으니 앞으로 지켜 주기 바란다."

세 번째 말처럼 책임 소재가 자신에게 있음을 명확히 한다. 또한 '지금까지의 습관을 바꾸고 싶지 않아.', '새로운 걸 익히고 싶지 않아.'와 같은 반발에 굴하지 말고 당당하게 전달하라.

그런데 이렇게 정한 후 실제로 운용하기 시작하면 문제가 발생할 것이다.

"회의 전에 전화가 길어져서 제시간에 참석할 수가 없을 때가 있습니다."
"저는 늘 15분 전에 와서 기다리기 때문에 다른 사람들도 좀 더 일찍 왔으면 좋겠습니다."

이처럼 부하 사원들이 제기하는 문제는 '정보'로서 받아들인다. 다만 어디까지나 '정보'로만 받아들이라. 부하 사원들의 분위기를 살피며 모두가 만족하도록 규칙을 바꿀 필요는 없다. 리더인 당신이 정보를 바탕으로 최종 판단을 내리면 된다.

'중요한 전화일 경우는 일단 전화를 끊거나 메신저 등으로 상사에게 알리고 양해를 구한다.'라는 규칙을 추가한다.

"3분 전이라고 정했으니, 그보다 일찍 모일 필요는 없네."라고 분명하게 말한다.

이런 식으로 정보만을 보고 결정하라. 이때 감정이 앞서서 '이렇게 말하면 나를 미워하지 않을까?', '회사를 그만두면 어떡하지?'라고 생각하면 리더의 축이 흔들린다. 그러므로 '말하면 들어준다.'라는 인식이 생기지 않도록 주의한다.

그리고 또 한 가지 중요한 점은 일단 정해진 규칙이라고 해도 '절대적'이라는 생각을 하지 않는 것이다. 항상 열린 자세로 부하 사원들에게 정보를 수집하고, 규칙이 잘못되었거나 부족한 부분이 있다고 생각이 들었다면 그때그때 수정해도 된다. 부족하면 보충하고, 지나치다면 줄이고, 이해하기 어렵다면 이해하기 쉽게 바꿀 필요도 있다는 말이다.

하지만 규칙을 바꿀 때도 감정이 생겨난다.

✕ '내가 입 밖에 낸 말을 툭하면 바꾼다고 생각하지 않을까?'

이렇게 걱정을 하는 리더가 있는데, 이때도 '리더의 가면'이 필요하다.

규칙이 틀렸거나 부족한 부분이 있었다면 그것을 깔끔하게
인정하고 규칙을 새로 설정해야 한다.

"회의 시작 10분 전에 모이게 한 것은 내 판단 미스였네.
회의 시작 3분 전에 모이도록."

이런 식으로 상황에 맞춰서 규칙을 바꾸는 것이 식학에서 말
하는, 리더의 올바른 커뮤니케이션이다.

지금까지 이야기한 구체적인 규칙 설정 방법을 자신의 것으
로 만들고 이 장을 마무리하기를 바란다.

제2장

부하 사원과 거리를 두라

'위치'의 사고법

Leader's Mask

최근 들어 틸 조직이라든가
홀라크라시 조직 등
새로운 조직의 개념이 유행하고 있다.
그러나 현재의 회사 조직을 유지한 채로
그런 개념을 적용하는 것은 위험하다.
어떤 사람의 몸에 혈액형이 다른 사람의 피를 수혈하면
몸이 거부 반응을 일으켜 죽고 만다.

피라미드형 조직에는
'피라미드형 조직에 맞는 매니지먼트 방법'을
도입해야 한다.
완벽한 피라미드형 조직에서는
비즈니스가 막힘없이 진행된다.
그리고 이를 위해 리더는
'위치'를 확인해야 한다.

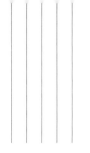

피라미드형 조직을
재평가하자

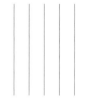

Leader's Mask

당신이 일하고 있는 조직은 어떤 구조인가? 제일 위에 경영자가 있고, 그 아래에 임원이 몇 명 있으며, 각 부서에 부장이 있고, 과장 등의 중간 관리직과 일반 사원이 있을 것이다. 규모의 차이는 있을지 몰라도 회사는 대부분 이런 '피라미드 구조'라고 할 수 있다. 그런데 앞 장에서 다뤘던 '규칙'과 마찬가지로 '피라미드'라는 말에도 혐오감을 느끼는 사람이 많다.

분명히 시대가 바뀌면서 몰락하는 일본의 대기업을 보고 있으면 피라미드형 조직에 문제가 있는 것처럼 느껴진다. 그러나 이것은 오해다. 피라미드에는 피라미드의 이점이 있다. 나는 식학으로 조직을 성장시키는 데는 피라미드형 조직이 최적이며, 가장 빠르게 성장시킬 수 있다고 생각한다.

관리직과 리더 없이 조직을 운영하는 '틸 조직'(위계에 의한 중앙의 통제가 없으며 규칙과 원칙도 최소화한 자율경영 조직-역자주)이나 '흘라크라시 조직'(모든 구성원이 동등한 위치에서 업무를 수행하는 제도-역자주)을 받아들인다면 완전히 제로베이스에서 회사를 만든 다음, 그 개념을 도입하는 수밖에 없다. 물론, 그런다고 해도 나는 그런 조직이 성공할 가능성은 여전히 낮다고 본다.

더구나 회사를 운영하는 방식은 피라미드인데 개인의 사고는 틸 방식을 따르는 어중간한 조직 관리, 즉 맛있는 것만 골라 먹는 식의 조직 관리는 처음부터 불가능하다.

그러므로 이미 완성된 회사의 조직 관리에는 피라미드 조직에 적합한 매니지먼트를 적용하는 것이 가장 효과적인 방법이다.

'책임자'가 없으면 누구도 움직이지 않는다

앞에서 피라미드형 조직은 성장 속도가 빠르다고 했다. 그 이유는 결정하는 사람이 명확해서 책임 소재가 분명하기 때문이다. 누구에게 책임이 있는지를 결정해 놓지 않으면 일은 진행되지 않는다.

가령 A와 B라는 두 사람이 여행을 간다고 생각해 보자. 두 사람이 서로 자신이 가고 싶은 곳으로 가자고 주장하면 여행 일정을 결정할 수가 없다. 그러나 평소에 여행을 자주 하는 A가 돌아볼 곳의 순서를 결정하고 B는 그 결정에 따르기만 한다면, 여행 일정은 원활하게 결정된다. 물론 B가 아무 말도 하지 않고 따라다니기만 할 필요는 없다. 제안할 아이디어나 조사한 정보가 있으면 A에게 알려도 된다. 다만 최종적으로 책임을 지고 결정하는 것은 A에게 맡긴다. A가 책임지고 즐거운 여행이 되도록, 계획이 엉망이 되지 않도록 모든 것을 판단하게 하는 것이 포인트다.

조직에서 책임의 중요성은 이처럼 두 사람이 계획하는 여행의 사례와 같다. 두 사람 이상 모이면, 그 모임은 '조직'의 관계다.

그런데 피라미드형 조직에 대해 다음과 같은 이야기를 자주 들을 것이다.

"피라미드형 조직은 위에서 결재하기까지 시간이 걸리기 때문에 좀처럼 빠른 결정을 하지 못한다."

이것은 큰 오해다. 피라미드형 구조의 문제가 아니라 '피라미드형 구조에 맞춰서 조직을 운영하지 않았기' 때문에 일어나는 현상일 뿐이다. 각 리더의 책임 범위가 모호한 탓에 하나하나의 결정을 서로에게 떠넘긴 결과, 의사 결정의 속도가 떨어지는 것이다.

단순한 '전달자'가 되어 있지는 않은가?

다음은 어느 제조업 회사 과장의 이야기다. 그는 부하 사원을 매니지먼트하는 것이 아니라 자신이 플레이어로서 일하는 데만 집중했다. 부하 사원이 지시를 청해도 스스로 결정하지 않고 "자네들은 어떻게 하고 싶은가?"라며 부하 사원에게 판단을 떠넘겼다.

그러나 리더 본인이 결정하지 않았다고 해서 책임을 피할 수는 없다. 리더는 자신의 역할을 이해하고 결정하는 것에 대하여 망설임을 없애 나가야 한다. 이를 위해 리더는 자신이 서 있는 '위치'에 관해 생각할 필요가 있다. 피라미드의 어디에 서 있는지 파악하고 아래에서 올라오는 정보를 판단해 의사 결정을 하는 범위를 알아야 한다.

성장하지 못하는 회사의 중간 관리직들을 보면 자신이 서 있는 '위치'를 착각하는 사람이 많다. 부하 사원이 한 말을 그대로 상부에 전하고 결정을 기다리는, '말 전달 게임 참가자'의 역할만 하는 리더가 바로 그들이다.

그래서는 안 된다. 리더로서 당신이 결정할 수 있는 것은 당신이 결정해야 한다.

이 장에서는 그 '위치'에 관한 개념을 익히도록 할 것이다.

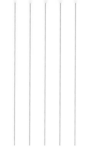

위치에 따라
'보이는 풍경'이 달라진다

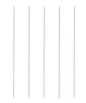

Leader's Mask

높은 산에 오르면 먼 곳까지 볼 수 있다. 자신이 살고 있는 마을도 조금 높은 곳에서 내려다보면 전혀 다른 느낌을 준다. 평소에는 집 근처에 예쁜 강이 흐르고 있다고만 생각했는데, 높은 곳에서 내려다보니 하천이 범람하면 집이 침수될 위험성이 있음을 깨닫게 될지도 모른다.

위로 올라갈수록 보이는 범위는 넓어진다.

조직에서도 마찬가지다.

조직 내의 포지션에 따라 보이는 풍경이 달라진다. 꼭 봐야 하는 포인트도 달라진다. 리더의 눈에 보이는 풍경과 멤버의 눈에 보이는 풍경은 당연히 다를 수밖에 없다. 사장은 가장 높은 위치에 있기 때문에 가장 멀리까지 내다볼 수 있다. 자신의 위치에서 먼 곳에 있는 적이나 리스크를 발견했다면 그것에 대비할지 아니면 공세적으로 나설지 판단해야 한다.

만약 사장이 눈앞의 일만 생각하고 사원들을 만족시킬 업무만 실행한다면 그 회사에는 미래가 없다. 사원에게 파격적인 급여와 보너스를 계속 지급하다가 망한 IT 기업의 사례가 이런 경우다.

높은 위치에 있는 사람은 미래를 내다보며 판단하고 행동할 책임이 있다. 처음 리더가 되었을 때는 처음으로 '높은 위치'에 올라가 다른 시점에서 사물을 바라보게 된다. 지금 방 안에 있는 의자나 테이블 위에 올라가 보라. 올라선 순간에는 다리가 후들거려서 아래만 내려다보게 될지도 모른다. 처음으로 리더가 되었을 때도 그렇게 발밑의 불안함을 느끼기 때문에 '시점'을 바꿀 필요가 있다.

리더의 시선은 '미래'를 향해야 한다

시점을 '지금'에 둘 것인가, 아니면 '미래'에 둘 것인가? 이것에 따라 행동이 달라진다.

　가령 숫자에 엄격한 상사는 당장은 부하 사원에게 미움을 받을 것이다. 그러나 '미래'로 시선을 옮기면 부하 사원은 '덕분에 고생하기는 했지만, 그래도 그때 고생한 게 큰 도움이 됐어.'라고 생각하게 된다. 부하 사원에게 상사가 플러스의 존재로 바뀌는 것이다. 반대로 마음 좋은 상사는 당장은 부하 사원에게 좋은 상사로 인식되겠지만 '미래'로 시선을 옮기면 부하 사원을 성장시키지 못하는 마이너스의 존재가 될 수 있다.

　이와 같이 미래를 기준으로 역산하며 생각하는 것이 리더의 역할이다. 리더가 가면을 쓰고 자신의 '위치'를 의식하면 '당장의 이익'은 옆에 놓아두고 '미래의 이익'을 선택할 수 있다.

　육아에서도 마찬가지다. 아이가 과자를 먹고 싶어 조른다고 해서 부모가 아이에게 무작정 과자만 먹이지는 않는다. 싫어하는 채소도 먹이려고 애쓰고, 영양을 생각해서 균형 잡힌 식단도 궁리한다. 음식이 아이의 몸을 건강하게 만든다는 사실을 아는 부모가 높은 위치에서 아이를 위해 '미래'를 바라보는 선택을 하기 때문이다. 리더도 부하 사원을 위해 그래야 한다.

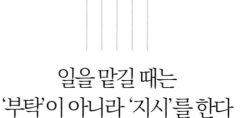

일을 맡길 때는
'부탁'이 아니라 '지시'를 한다

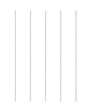

Leader's Mask

리더로서의 '위치'를 이해했다면 다음에는 부하 사원의 위치에 관해 생각해 보자.

부하 사원에게도 자신이 지금 어떤 위치에 있는지를 올바르게 인식시키는 것이 중요하다. 이 책은 플레이어를 대상으로 쓴 것이 아니기 때문에 '부하로서의 마음가짐'에 관해서는 자세히 설명하지 않는다. 그러나 부하 사원이 자신의 위치를 오해하고 있는 상태에서는 업무가 진행되지 않는다는 사실을 리더는 알아야 한다.

지금은 이 책의 주제에 맞게 리더가 해야 할 일만을 설명하겠다. 리더가 부하 사원에게 해야 할 일은 '자신을 평가하는 사람이 누구인지를 이해시키는 것'이다.

인간은 누군가의 평가를 받으면서 살아간다. 누군가의 평가를 받고, 그 대가로 급여를 받으며 살아가기 위한 양식을 얻는다. 이것이 사회의 시스템이다. 그리고 생존에 필요한 양식을 얻기 위해서는 '지금 나를 평가하는 존재는 누구인가?'를 올바르게 인식해야 한다.

조직에서 사원은 직속 상사에게 평가를 받는다. 또한 그 상사 역시 자신의 상사에게 평가를 받는다. 가장 높은 위치에 있는 사장의 경우, 조직 내에는 평가하는 사람이 존재하지 않지만 고객이나 주주 등 '사회'의 평가를 받아야 한다. 이렇게 말하면 '그건 당연하잖아?'라고 생각하겠지만, 문제를 안고 있는 조직에서는 이 당연한 것이 지켜지지 않는다.
평가라는 말을 듣고 이런 생각을 한 사람도 있을 것이다.

'올바른 평가를 기대하는 것은 꿈같은 소리야.'
'상사는 나를 지켜봐 주지 않아.'

부하의 위치에 있는 사원들의 이야기를 들어 보면 이런 의견들이 많다. 그 이유는 리더가 부하를 평가할 때 감정을 섞기 때문이다. 서장의 질문에서도 이야기했듯이, 리더에게는 조직에서 '평등성'을 유지할 책임이 있다. 즉, 리더의 가면을 쓰고 오로지 사실에 입각해서 평가를 내려야 한다는 말이다.

리더는 '부탁'을 해서는 안 된다

평등은 대등하다는 의미가 아니다. 리더는 부하 사원 전원과 '위치를 명확히 한 커뮤니케이션'을 해야 한다.

혹시 부하 사원에게 일을 맡길 때 이런 식으로 말을 하고 있지는 않은가?

> "시간이 날 때 해도 상관없으니 자료를 정리해 주지 않겠나?"
> "이 일 말인데, 해 줄 수 있겠나? 하고 싶지 않다면 거절해도 되네."

이런 말은 '위치'를 착각한 전형적인 화법이다. 평등과 대등을 혼동한 것이다. 특히 아직 플레이어의 기분이 남아 있는 젊은 리더가 이런 식으로 말하는 경향이 있다.

이것이 잘못된 화법인 이유는 다음 두 가지 때문이다.

첫째는 '결정권이 부하 사원에게 있다는 것'이고,

둘째는 '책임의 소재를 모호하게 만들었다는 것'이다.

첫 번째 이유인 '결정권이 부하 사원에게 있다.'는 금방 이해가 될 것이다. 부하 사원이 "지금은 좀 바빠서…….", "하고 싶지 않습니다."라며 쉽게 거절할 수 있도록 리더가 말했기 때문이다. 중요한 것은 두 번째 이유인 '책임의 소재' 문제다. 본래 부하 사원에게는 지시를 실행할 책임이 있으며, 실행한 결과에 대한 책임은 리더에게 있다. 그런데 리더가 어중간한 말로 부하 사원에게 결정권을 줬기 때문에 결과에 따른 책임 소재가 모호해졌다. "자네가 하겠다고 했으니 책임을 져야지.", "일을 맡기로 승낙해 놓고 왜 제대로 하지 못한 건가?"라며 자신이 떠안아야 할 실행 결과의 책임을 부하 사원에게 떠넘길 여지를 남겨 놓았기 때문이다.

앞에서 예로 든 말은 지시가 아니라 '부탁'이다. 부탁은 대등한 관계 혹은 자신보다 높은 위치에 있는 사람에게 부탁하는 화법이다. 리더는 자신의 위치를 착각한 이런 식의 커뮤니케이션을 없애고, 부탁이 아니라 지시를 함으로써 부하 사원의 실행 책임과 리더의 결과 책임을 분명히 해야 한다.

'단정적인 어조'에 익숙하라

어느 광고 회사 부장의 이야기를 소개하겠다. 그 부장은 항상 부하 사원을 배려해 '의사 타진'을 했다. "이 업무, 하고 싶나? 자네 생각은 어때?"라는 식이다. 그리고 부하 사원이 일을 맡으면 "자네가 하고 싶은 대로 하게."라며 방치해 버렸다. 그 결과, 부하 사원들은 책임 소재가 어디에 있는지 알 수 없어서 부장의 상사인 사장을 직접 찾아가는 일이 빈번해졌다. 즉, 리더로서 현장을 책임지고 관리해야 하는 부장의 역할이 전혀 작동하지 않았던 것이다.

그래서 나는 '상사는 단정적인 어조로 말한다.'라는 식학의 발상을 실천하게 했다.

"이 건은 자네에게 맡기겠네. 계약으로 연결시켜 주게."
"다음 주 화요일 15시까지 자료를 정리해 놓게."

이와 같이 하나하나를 명확하게 지시하라고 조언한 것이다.

처음에는 '그렇게 대놓고 윗사람처럼 말하고 싶지는 않은데……'라는 심리적 저항감이 있었다. 물론 "자네의 의견은 필요 없으니 잠자코 시키는 대로 하게."와 같이 강압적으로 말할 필요는 없다. 그러나 자신이 책임을 지고 부하 사원에게 일을 맡기지 않는 한 업무는 진행되지 않는다. 그 부장도 서서히 단정적인 어조로 지시하는 데 익숙해졌고, 결과적으로 팀의 업무 진행 속도도 빨라졌다.

흔히 볼 수 있는 또 다른 나쁜 화법으로는 당근을 제시하는 방식이 있다. 리더가 업무를 부탁한 것이 미안해서 다음과 같이 말한다.

"조만간 한잔하러 가자고."
"다음부터는 다른 친구에게 맡길 테니 이번만 부탁하네."

이렇게 당근을 줌으로써 의욕을 높이는 방식이다. 그러나 서장에서 이야기했듯이 리더가 부하 사원의 의욕을 신경 쓸 필요는 없다. 각각의 처지에 있는 사람에게 그 사람의 역할과 책임에 상응해 위에서 아래로 업무가 내려올 뿐이다.

업무를 할당하는 것과 아이에게 심부름을 부탁하는 것은 전혀 다른 차원의 이야기다. 맡긴 일이 끝난 뒤에 과자나 음료수를 사 주는 리더는 부하 사원을 아이 취급하는 것과 같다. 이때도 '좋은 사람'으로 연기하기를 그만두고 리더의 가면을 써야 한다.

"그 건, 어떻게 되었나?"를 말할 필요가 없도록 규칙을 설계한다

리더가 부하 사원에게 지시할 때 반드시 해야 할 일이 있다.

바로 '기한'을 설정하는 것이다.

"시간이 날 때 해도 되니까……."라는 식으로 리더가 부하 사원에게 말하는 방식은 절대 금물이다. 지시에 기한을 포함시키지 않으면 상사가 부하를 찾아가 "그 건, 어떻게 진행되고 있나?"라고 확인할 수밖에 없다.

지시는 '위에서 아래로', 그 후의 보고는 '아래에서 위로'가 되게 해야 한다. 그러므로 기한 설정은 반드시 필요하다. 아무리 사소한 지시라도 기한을 설정해서 "이걸 다음 주 수요일 11시까지 끝내 주게."라는 식으로 말하라. 만약 부하 사원이 그때까지 끝내기는 무리라고 생각한다면 "지금 다른 업무가 있어서 그때까지는 어려울 것 같습니다. 금요일 11시까지라면 가능한데, 그래도 괜찮겠습니까?"와 같은 답변이 돌아올 것이다. 이처럼 사실에 기반을 둔 커뮤니케이션은 부하 사원이 자신의 직무를 다하기 위한 발언이므로 문제가 없다. 리더가 항상 정보를 공개하면서 그때그때 판단하면 된다.

리더는 업무를 맡기는 방식 하나로도 부하 사원이 자신의 '위치'를 올바르게 인식하게 만들 수 있다. 반대로 리더가 잘못된 방식으로 업무를 부하 사원에게 맡기면 '머리말'에서 이야기한 '일상 속 커뮤니케이션의 어긋남'으로 이어진다.

리더가 부하 사원에게 업무를 부탁하는 방식은 조직을 망친다. 리더로서 위치를 올바르게 인식하며 부탁이 아니라 지시를 하라.

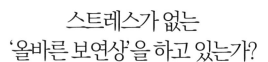

스트레스가 없는
'올바른 보연상'을 하고 있는가?

Leader's Mask

'위치'의 개념은 리더 자신도 모르는 사이에 망각하기 쉽다. 그런 일이 일어나지 않도록 일상적으로 상사와 부하의 '위치'를 부하 사원에게 확인시키는 방법이 있다.

바로 '보연상을 통한 관리'다.

보연상은 보고·연락·상담을 의미하는 말인데, 여기에서는 보고와 연락에 관해 살펴보겠다('상담'에 관해서는 조심스럽게 다룰 필요가 있기 때문에 뒤에서 이야기할 것이다).

최근 들어 보연상은 필요가 없으며 부하 사원들이 스스로 행동해야 한다는 생각이 유행하고 있다. 그러나 이 방법은 성장하는 사람은 계속 성장하지만, 성장하지 못하는 사람은 계속 성장하지 못하고 방치되는 사태를 초래한다.

식학의 발상에는 '실행하면 전원이 성장할 수 있다.'라는 전제가 깔려 있으며, 나는 보연상이 이를 위한 효과적인 방법이라고 생각한다.

좀처럼 결과를 내지 못하는 부하에게는 보연상을 통한 관리 횟수를 늘리는 방법을 사용하고, 결과를 내기 시작하면 서서히 관리 횟수를 줄여 나간다. 이것이 식학의 정공법이다.

부하 사원은 어떤 '보연상'에 스트레스를 느끼는가

'자세의 규칙'과 마찬가지로, 보연상을 번거롭게 생각하거나 자유를 제약한다고 생각해 반발하는 사람이 있다.

물론 보고나 연락을 할 때마다 상사가 "전혀 진행이 안 되고 있지 않나?", "대체 뭘 하고 있는 건가!"라며 화를 낸다면 부하 사원은 당연히 스트레스를 받고, 이 때문에 실수를 감추거나 실패를 늦게 보고하기도 한다. 그리고 보고와 연락의 지체는 조직의 성장을 가로막는 결과로도 이어진다.

반대로 보고를 받을 때마다 지나치게 긍정적으로 반응하는 것도 좋지 않다. "자넨 역시 대단해!", "그것 보게. 하면 되지 않나!"와 같은 식으로 과도하게 칭찬하면 부하 사원은 자신이 대단한 일을 했다고 착각하거나 '당연함'의 기준이 내려가 버린다.

이런 경우에 리더가 해야 할 일은 '기계적인 보연상'을 시키는 것이다. 이때도 리더의 가면을 쓴다는 이미지로 부하 사원을 대하는 원칙이 중요하다.

어느 회계사 사무실의 리더가 다음과 같은 고민을 안고 있었다.

"어려운 안건을 부하 사원에게 맡기지 못하겠습니다. 그래서 전부 제가 끌어안다 보니 너무 바쁩니다.……."

젊은 리더는 차라리 내가 하는 편이 낫다고 생각하는 경향이 있다. 설령 부하 사원에게 업무를 맡기더라도 진척 상황이 마음에 걸려서 수시로 확인을 하게 되며, 그 결과 전체적인 속도가 느려지고 만다.

그래서 나는 '부하 사원이 하루에 세 차례 정기적으로 보고를 한다.'라는 규칙을 설정하게 했다. 부하 사원에게 물어보러 가지 않고 부하 사원이 보고하게 한 것이다. 그러자 관리 시간을 대폭 단축할 수 있었고, 부하 사원도 마감 시간을 의식하면서 업무를 처리하게 되었다.

부하 사원에게 보연상은 꺼려지는 측면이 있다.

'제대로 못했다고 혼이 나지는 않을까?'
'칭찬받을 수 있을 때만 보고하고 싶은데……'

이처럼 감정이 개입된 '보이지 않는 장애물'이 존재한다. 부하 사원이 부담 없이 '보연상'을 할 수 있게 하려면 리더가 그 자리에서 칭찬하거나 꾸짖지 않고 사실만을 기계적으로 듣는 태도를 보여야 한다. 상사가 부하 사원이 보고한 사항에 대해 "좀 더 잘할 수는 없겠나?"라든가 "괜찮은데? 잘했어."라고 감정적인 평가를 해 버리면 누구도 보고나 연락을 하지 않게 된다.
보연상의 자세한 실천 방법은 이 장의 실천 편에서 소개하겠다.

'곁으로 다가와 주기를 바랄 것'이라는 과대망상
상사가 부하 사원에게 확인하는 상황은 만들지 말아야 한다. 앞에서 '내가 하는 편이 빨라.'라고 생각했던 리더도 지나치게 부하 사원의 행동을 확인했던 것이 실패의 원인이었다.

요즘 '1 on 1(일대일)' 미팅이라는 관리법이 유행하고 있다. 이 것은 상사가 카운슬러처럼 '요즘 컨디션은 어떤가?', '곤란한 점은 없는가?'라고 물으며 부하 사원의 이야기를 주의 깊게 들어 주고 의욕을 끌어내는 매니지먼트 수법이다.

이 책을 읽고 있는 사람이라면 알겠지만, 일대일 매니지먼트 는 '위치'를 착각한 잘못된 방법이다.

어느 뷰티숍의 매니저도 일대일 매니지먼트 탓에 팀이 성장 하지 못했던 경험이 있다. 그는 부하 사원의 목소리를 듣는 것 을 중시해 날마다 현장의 이야기를 들었다. 매니저의 역할이 '점포의 매출 목표 달성 관리'와 '부하의 성장'임을 깨닫지 못하 고 부하 사원 곁에 다가가는 것이 매니저에게 요구되는 역할이 라고 착각했던 것이다.

'부하는 틀림없이 내가 곁으로 다가와 주기를 바랄 거야.'

이 같은 리더의 오해는 매우 골치 아픈 문제다. 악의가 없는, 오히려 선의에서 비롯된 생각이기 때문이다. 그러나 당신이 부 하였을 때를 떠올려 보라. 상사가 곁으로 다가와 줬으면 좋겠다는 생각을 해 본 적이 없었을 것이다. '이야기를 들어주는 상사' 가 필요했던 경우는 무엇인가를 해내지 못한 것에 대한 변명을 들어줬으면 할 때다. 이런 경우 부하 사원 곁으로 다가가는 리더는 성장이 멈춘 부하 사원을 정당화시키고 만다.

리더가 이 사실을 일찍 깨달을수록 부하 사원들은 더 빠르게 결과를 내기 시작한다. 부하 사원에게 확인하는 것은 어디까지나 '정보를 흡수하는' 행위여야 한다.

'보고·연락'과 '상담'은 다르다

지금까지 보연상의 중요성을 이야기했다.

그런데 '상담'에 관해서는 주의가 필요하다. 앞에서 소개한 뷰티숍의 매니저는 상담에만 집중했던 것이 부하 사원들의 성장을 가로막은 원인이었다.

상사가 상담에 응해도 되는 상황은 다음의 두 가지 경우다.

첫째는 '부하 사원의 권한으로는 결정할 수 없는 일'을 결정할 때이고,

둘째는 '부하 사원이 자신이 결정해도 되는 범위인지 아닌지' 확신하지 못해 망설일 때다.

첫째는 이를테면 부하 사원이 가진 예산 이상의 업무를 진행

하고 싶을 때 필요한 상담이 그런 경우다. 그리고 둘째는 가령 클레임을 건 고객이 "자네 말고 상사 나오라고 해!"라고 말하는 경우다. 리더가 현장 대응에 관한 판단을 전부 부하 사원에게 맡겼다 하더라도 부하 사원으로서는 상사를 움직일 권한이 자신에게 있는지 확신이 없을 것이다. 이런 경우에 리더는 상담에 응해서 자신이 나서야 할지 말지를 판단해야 한다.

반면에 명백히 부하 사원의 권한으로 결정할 수 있는 내용일 경우는 상담에 응하지 말아야 한다. 리더가 부하 사원에게 "이 고객에게는 어떤 제안을 해야 할까요?"라는 질문을 받았다고 하자. 이때 리더가 "이렇게 하면 되지 않을까?"라고 말해 버리면 그 부하 사원의 책임은 '상사가 말한 대로 제안하는 것'으로 바뀌고 만다. 이 경우에는 "그건 자네가 결정할 일이니, 자네가 고객에게 최선이라고 생각하는 제안을 하게."라고 대답하는 것이 좋다. 필요 이상으로 상담에 응하면 부하 사원의 책임 범위를 좁히고 변명할 수 있는 환경을 만들 뿐이다.

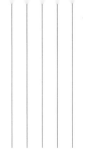

'상사 갑질'
문제를 극복한다

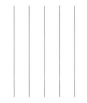

Leader's Mask

제1장에서는 '규칙 설정', 제2장에서는 '보연상'의 방법을 소개했다. 그러나 여기에서 소개한 방법을 실천하려면 심리적 장벽에 부딪히는 사람도 있을 것이다. 그 배경에는 '상사 갑질 문제'가 숨어 있기 때문이다.

'조금 심하게 말했다가 상사 갑질로 문제로 발전하는 건 아닐까?'
'부하를 배려해 주지 않으면 갑질 상사라는 낙인이 찍힐지

몰라······.'

이런 걱정을 하는 사람도 많다. 물론 고압적인 태도를 보이
거나 불합리한 요구를 강요해서는 안 된다. 그러나 상사 갑질이
되지 않을까 두려워한 나머지 부하 사원에게 지시를 못하고, 지
시를 실행하는 책임까지 리더가 전부 짊어지는 상황은 생각해
봐야 할 문제다.

부하 사원과 '친구 관계'가 되지는 않았는가?

사실 식학의 발상을 철저히 실천한다면 상사 갑질 문제는 일
어나지 않는다. 지금까지 몇 번을 이야기했듯이, 리더가 감정을
옆으로 밀쳐 놓고 '규칙'에 따라 관리하며, '위치'에 입각해서
커뮤니케이션을 하기 때문이다. 규칙을 설정하고 그 규칙에 따
라서 운영하기만 한다면 감정이 개입할 여지가 없다.

그러나 리더가 상사로서 자신이 부하 사원들보다 위에 있다
고 착각하면 부하 사원들에게 우월감을 과시하고 위협을 가할
수 있다. 마찬가지로 자신이 부하 사원보다 업무에 대해 더 잘
안다고 생각하는 리더는 부하 사원의 무지를 필요 이상으로 지
적하기도 한다.

상사와 부하는 어디까지나 회사의 규칙에 따라서 규정된 관

계다. 규칙에 따라서 규정되지 않은 친구 관계처럼 힘이 센 사람이나 해박한 사람이 힘을 갖는 관계가 아니다.

분명한 규칙이 있고, 그 규칙을 지키지 못했다는 사실을 담담하게 지적하는 것은 상사 갑질이 아니다. "멈춤 신호니까 멈추십시오."라고 규칙에 따라서 말하는 것에는 감정이 개입할 여지가 없기 때문이다. 멈춤 신호를 지키지 않았다고 지적했더니 도리어 "상사 갑질이다!"라고 화를 낸다면 적반하장일 뿐이다.

리더의 가면을 쓰고 당당하게 말하는 리더가 되라.

'고독을 느낀다'가 유능한 리더의 조건

흔히 사장은 고독한 자리라고들 말한다.

나 또한 고독하다.

어떤 매체에서 취재를 왔을 때 "사원은 가족이 아닌가요?"라는 질문에 "사원은 기능입니다."라고 대답했더니 분위기가 싸해졌던 기억이 난다. 그러나 정말로 그렇다. 우리 회사는 사내에서 사적인 이야기를 하는 일이 적어서, 다른 회사에 비해 매우 조용하다는 이야기를 듣는다. 정리 정돈된 공간에서 전원이 담담하게 일을 하며, 매우 원활하게 업무를 진행한다.

피라미드형 조직에서는 지위가 높아질수록 고독해진다. 처음 리더가 된 시점에는 그 고독함을 받아들이지 못해 부하 사원과 무의식적으로 친하게 지내는 경우가 많다.

다음은 어느 식품 공장의 부장 이야기다. 그는 전임 부장에게서 업무 인수인계를 제대로 받지 못한 탓에 부하 사원들에게 이것저것 도움을 받으며 업무를 시작했다. 부장에게 가르쳐 주기를 계속하다 보니 부하 사원들이 부장의 지시를 듣지 않았다. 관계의 긴장감이 사라지면서 부장을 우습게 여긴 것이다. 그래서 부장은 이런 느슨한 관계에서 벗어나기 위해 부하 사원들과 거리를 두었다. 그러자 커뮤니케이션이 줄어들어서 "처음에는 외로움을 느꼈다."고 고백했다.

어떤 조직의 관리직이든 같은 말을 한다.

'외롭다.'

리더의 위치가 되면 이 감정을 받아들여야 한다.

그 후 업무 속도가 향상되면서 그 부장은 외로움을 신경 쓰지 않게 되었다.

학교가 아니라 '학원'을 지향하라

그런데 이런 '외로움'을 느끼는 원인은 무엇일까? 나는 '학생 기분'에 그 원인이 있다고 생각한다. 많은 사람이 고등학교나 대학교를 졸업한 뒤 취업 활동을 해서 지금의 회사에 들어왔을 것이다. 말하자면 학교생활의 연장선상에 회사생활이 있는 셈이다. 입사 1년 차나 신입 사원일 때는 동기들도 모두 자신과 같은 위치에 있기 때문에 학생의 기분으로 헤쳐 나갈 수 있다. 시끄러운 상사는 학교 선생님처럼 보이고, 동기끼리 푸념을 하며 스트레스를 풀었을지도 모른다.

그러나 일단 자신이 책임 있는 자리에 오르면 더는 학생의 기분으로 회사생활을 할 수 없게 된다. 이런 이유 때문에 느끼는 감정이 앞에서 말한 '외로움'이다.

이때 필요한 발상이 회사는 학교가 아니라 학원이라는 생각이다. 재미있는 학교 선생님과 엄격한 학원 강사를 떠올려 보라. 재미있지만 긴장감이 없는 탓에 열심히 공부하지 않아서 원하는 대학교에 합격하지 못하는 경우와, 엄격하지만 긴장감 속에서 열심히 공부해 원하는 대학교에 합격하는 경우 중 하나를 선택할 수 있다고 생각하면 외로움에 대한 발상의 전환을 얻을 수 있다.

내 생각에 회사는 엄격한 학원에 가깝다.

'요즘 들어서 부하들이 함께 밥이나 술을 먹으러 가자고 말을 하지 않는다.'

그렇게 느꼈다면 당신이 우수한 리더가 되었다는 증거다. 나도 부하 사원과는 술을 마시러 가지 않는다.

참고로 나는 다른 회사의 사장들과 회식을 하는 경우는 있다. 같은 위치에서 보이는 경치에 관해 이야기를 나눌 수 있기 때문이다.

리더가 되었다면 그런 '전환'도 필요할 것이다. 하지만 외로움에서 벗어나고자 재미있는 학교 선생님 같은 리더가 되기보다 엄격하지만 결과를 내는 학원 강사 같은 리더가 되려고 노력하라.

원격 근무로
'거리'를 유지하자

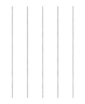

Leader's Mask

2020년부터 신형 코로나바이러스 감염증의 확대로 원격 근무가 보급되면서 리더와 멤버가 강제적으로 거리를 두는 일이 늘어났다. 원격 근무는 무의미한 회의와 회식을 줄이고 사원들의 의욕 관리가 필요없는 다양한 이익을 만들어 냈다. 조직 관리에서 식학의 관점이 힘을 발휘하는 이유도 이런 상황과 연관이 있다.

'리더의 가면' 본질은 상사와 부하 사원이 적당한 거리를 유지해서 감정이 생겨나지 않게 하는 데 있다. 따라서 원격 근무와 식학의 매니지먼트법은 서로 잘 어울린다. 세상이 바뀌고 새로운 바람이 불기 시작했는데, 이런 흐름은 조직이 단숨에 변화할 기회를 제공한다.

다시 한 번 말하지만, 리더가 부하 사원들과 거리를 두는 것은 '평등성'을 유지하기 위해서다. 자신이 속한 조직이 구성원들에게 평등하다는 의식을 모두가 공유하는 것이 중요하다. 엄밀한 의미에서 평등을 유지하는 일은 매우 어려운 문제다. 나도 이전에 다녔던 회사에서 이 문제로 어려움을 겪었다. 특정 부하 사원과의 거리가 가까우면 내 딴에는 평등하게 대한다고 생각해도 다른 부하 사원들에게 '왠지 저 친구만 특별하게 대우하는 것 같아.'라는 인상을 주곤 했었다.

서로의 거리가 가까우면 약간의 차이도 크게 느껴진다.

가령 기차를 탔는데 옆자리에 앉은 사람이 중간에 있는 팔걸이를 사용하면 갑자기 기분이 나빠진다. 1미터밖에 떨어져 있지 않으면 10센티미터의 차이조차도 큰 차이로 느껴지기 때문이다. 반면에 100미터나 떨어져 있으면 10센티미터의 차이는 '오차'가 된다. 일본인이 남아메리카 대륙이나 아프리카 대륙의 국제 문제에는 무관심하지만 한국이나 중국 등 이웃 나라의 문제에는 감정을 드러내는 것과 같은 이치다.

회사도 마찬가지다. 기차에 탄 사람들처럼 리더는 부하 사원과 가급적 거리를 두는 편이 좋다.

소집단을 만드는 '유감스러운 리더'

리더와 부하 사원의 거리가 가까우면 다음과 같은 폐해를 일으킨다.

어느 판매 회사의 리더 이야기다. 평소 종종 사장의 지시에 반발했던 그 리더는 부하 사원들을 자신의 편으로 만들어 소집단을 형성하고 자신들만의 방식으로 업무를 진행했다. 사장을 적으로 간주함으로써 조직을 둘로 쪼개 버린 것이다.

이런 리더는 생각보다 흔하다. 76페이지에서 설명한, 조직의 틀을 벗어나 버린 사람이 그 후에 승진해서 권한을 갖게 되면 상부에 반발하거나 자신의 편을 늘려 나가는 태도를 보인다. "우리를 이해시키지 못하면 회사를 그만두겠소."라고 엄포를 놓기도 한다. 파벌이 나뉘어서 회사가 갈라지는 경우도 내부에서 이런 일이 일어났기 때문이다.

사장의 지시를 따르지 않는 관리직은 본래 강등되어야 한다.

이 책은 사장을 대상으로 쓴 것이 아니기 때문에 회사 전체의 매니지먼트에 관한 내용은 다루지 않는다. 그러나 리더가 된 이상 윗사람의 지시를 따르고 부하 사원들을 매니지먼트할 책임이 있다. 그런 '위치'에 있음을 자각해야 한다.

앞에서 언급한 리더는 회사를 그만두겠다는 의사를 은근슬쩍 내비치면서 사장을 컨트롤하려고 했다. 이때 상사인 사장이 그 리더의 뜻대로 움직이면 각자의 위치가 틀어질 수밖에 없다. 그러므로 식학의 관점에서 사장이 보여야 할 태도는 의연하게 "내 지시를 따르기 싫다면 그만둬도 상관없네. 하지만 회사에 남겠다면 내가 정한 규칙을 따르도록 하게."라는 메시지를 전하는 것 뿐이다.

나는 식학을 도입해 사장의 의식을 바꿈으로써 '축'이 흔들리는 사태를 막으려 했다. 그 결과, 최종적으로는 그 리더도 퇴직을 재고하고 규칙을 지키며 자세를 바꿨다.

만약 사장이 리더에게 끌려다니면서 리더의 의도대로 행동했다면 다른 사원들은 어떻게 생각했을까? 부하 사원들에게 우리 사장은 말하면 들어준다는 인식이 생긴 순간, 그 회사는 조직으로서 제대로 기능할 수 없다. 사장과 리더가 각자의 '위치'를 확인하는 것은 그런 큰 위기로부터 조직을 구하는 행위다.

회식을 통해 커뮤니케이션을 하던 시대는 완전히 끝났다

'나중에 같이 술을 마시면서 지도하자.'
'함께 식사를 하면서 본심을 들어 보자.'

이런 매니지먼트는 신형 코로나바이러스의 유행과 함께 폐기되었다. 코로나바이러스 유행이 끝나도 예전처럼 되돌아 가지 않을 것이다. 이제 업무 중에 지적해야 할 것은 업무 중에 지적하는 것이 원칙이다. 그리고 이 원칙을 지키려면 의식적으로 리더가 부하 사원과 거리를 두어야 한다.

세상에는 푸념을 들어 주는 상사가 좋은 상사라는 풍조가 있다. 그러나 상사가 부하 사원에게 "그래, 자네 심정은 이해하네. 그래도 조금만 힘을 내 보자고."와 같은 말을 하는 관계는 식학의 조직 관리 관점에서 참으로 난감한 상황이다.

리더는 이미 친하게 지내 왔던 부하 사원과도 일단은 거리를 둬야 한다. 만약 갑자기 거리를 두기가 망설여진다면 한번쯤 솔직하게 이야기를 하는 것도 좋은 방법이다. "이 팀을 다른 어떤 팀보다 강하게 만들고 싶고, 모두를 다른 팀의 멤버들보다 더크게 성장시키고 싶네. 그래서 오늘부터 방침을 바꾸려 하네." 라고 선언하는 것도 효과적이다. 이렇게 설명해 놓으면 부하 사원이 "오늘 한잔 어떻습니까?", "나가서 점심을 먹으려고 하는데, 같이 가시죠?"라고 권해도 "전에도 이야기했지만, 방침을 바꿨네."라고 거절할 수 있을 것이다.

　내가 운영하는 회사에서는 송년회도 열지 않는다. 그해의 마지막 근무일에 일을 마칠 때 캔맥주를 마시는 정도는 하지만, 모두가 함께 왁자지껄 술을 마시는 일은 없다.

　리더에게는 '공사의 구별'이 중요한 순간도 있다. "저 사람, 요즘 들어서 좀 차가워졌어." 이런 소문이 들린다면 축하할 일이다. 당신이 리더답게 행동을 하고 있다는 증거이기 때문이다.

제2장의 실천

'올바른 보연상'을
실천해 본다

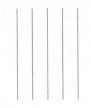

Leader's Mask

제2장에서는 리더가 부하 사원에게 '위치'를 확인시키기 위해 보연상을 하면 얻게 되는 이점을 소개했다. 여기에서는 구체적으로 어떤 상황에서 보연상을 해야 하는지 설명하겠다.

가령 다음과 같은 업무를 맡기는 경우를 생각해 보자.

· 부하 사원에게 하루에 거래처 세 곳을 돌게 한다.

자, 리더가 어떻게 일을 맡겨야 할까?

첫 번째 포인트는 '부탁'이 되지 않도록 주의하는 것이었다.

　✕ "그럴 시간이 없다면 어쩔 수 없지만, 거래서 세 곳을
　　돌고 와 주지 않겠나?"
　✕ "오늘 거래처 세 곳을 돌고 와 줄 수 있겠나? 돌아오면
　　커피 한잔 사 주지."

이런 식으로 리더가 부하 사원에게 결정권을 주거나 의욕을
높이고자 당근을 제시해서는 안 된다.

　○ "하루에 거래처 세 곳을 돌아 주게."

이렇게 명확하게 지시할 것을 의식하면서 일을 맡겨야 한다.
또한 이와 동시에 '기한'을 설정하고 아래처럼 나중에 보고하
게 한다.

　○ "그리고 거래처 세 곳을 돌았는지 돌지 못했는지 17시
　　까지 보고해 주게."

보고를 미리 하도록 사전에 정해 놓은 이유는 하루가 끝났는
데 부하 사원에게서 아무런 말이 없는 상황을 없애기 위함이다.

✕ "그래서, 어떻게 됐나?"

상사가 직접 찾아가서 이렇게 확인하는 상황을 만들지 않는 것이 중요하다.

"일을 마쳤으면 상사에게 보고하는 것이 상식 아닌가?"라고 질책해서도 안 된다. 애초에 일을 맡기는 방식과 최종 목표를 언어화하지 않은 리더의 책임이기 때문이다. 아래에서 보고가 올라오도록 지시해 두라.

부하 사원이 다음과 같이 보고를 했다고 가정하자.

"두 곳밖에 돌지 못했습니다."

이처럼 맡긴 업무를 완수하지 못했을 때 리더는 어떻게 평가해야 할까?

✕ "왜 두 곳밖에 돌지 못한 건가?"
✕ "실망이군."

리더는 이렇게 감정적으로 평가해서는 안 된다.

○ "두 곳밖에 못 돌았군. 다음부터는 어떻게 할 생각인가?"

이렇게 평가하는 것이 올바른 방법이다. 단순히 업무를 완수하지 못한 사실만을 지적하고 다음 행동을 촉구하는 것이다. 그러면 부하 사원은 앞으로의 행동을 구체적으로 개선시킨다. 이에 관해서는 제4장에서 설명하기로 하고 여기에서는 보고와 평가에 관해서만 생각해 보자.

이번에는 부하 사원이 업무를 완수한 패턴이다.

"세 곳을 돌고 왔습니다."

라고 보고했을 때도,

　　✕ "그것 보게. 하면 되지 않나?"
　　✕ "자네는 역시 대단해."

라고 필요 이상으로 칭찬할 필요는 없다.

○ "목표를 달성했군. 수고했네."

이런 식으로 결과만을 받아들인다. 리더가 부하 사원에게 필요 이상의 칭찬을 하면 '당연함'의 기준이 내려간다. 부하 사원은 자신이 당연히 해야 하는 목표를 달성했을 뿐인데 스스로 대단한 일을 했다고 착각하거나 당연히 해야 할 업무의 결과를 보상과 연결시키려고 한다. 칭찬은 기대를 크게 웃돌았을 때만 하라.

감정이 개입하지 않는 보연상을 하면 조직 전체의 업무 속도가 향상되어 간다.

즉시 움직이고, 즉시 보고하며, 즉시 생각하고, 즉시 수정한다. 그 결과 부하 사원의 성장 속도가 빨라진다.

이것이 리더와 부하 사원이 서로의 '위치'를 유지하며 보연상을 하는 방법이다. 이런 식으로 보연상 횟수를 늘려 나가면 '위치'를 착각하는 상황을 줄여 나갈 수 있다.

그러나 처음부터 보연상이 이렇게 원활하게 진행되지는 않을 것이다. 특히 목표를 달성하지 못한 부하 사원이 변명을 둘러대며 개선점을 생각하지 않는 경우가 많다. 이런 일을 방지하기 위한 비장의 방법을 제3장에서 설명하겠다.

제3장

거대한 매머드를 사냥하게 하라

'이익'의 사고법

Leader's Mask

부하들이 따르고 싶어 하는 상사가 되고 싶다는
리더의 감정이 모든 문제의 근원이다.
사람은 이익을 느꼈을 때
그 이익을 따르기 마련이다.
'좋은 사람이긴 한데, 이 사람을 따르면
내가 성장하지 못할 것 같다.'
이렇게 인식되는 순간 부하 사원들이 떨어져 나간다.

리더가 해야 할 일은 부하 사원들이
'조직의 이익'을 향하여 나아가도록 만드는 것이다.
조직 구성원이 함께 거대한 매머드 고기를 얻고,
여기에서 '개인의 이익'을 분배받는다.
이것이 올바른 순서이며 세상의 메커니즘이다.
이 메커니즘을 모범으로 삼아
리더의 말과 행동을 바로잡아야 한다.

부하 사원의 '표면적인 태도'를 본심으로 착각하지 마라

Leader's Mask

인간은 무엇을 기준으로 움직일까? 행동의 계기는 무엇일까? '즐거우니까.', '기분이 좋으니까.', '안심이 되니까.', ……. 행동의 계기는 다양할 것이다. 하지만, 좀 더 깊게 파고들면 한 가지로 압축된다.

'내게 이익이 있는가, 없는가?' 하는 판단 기준이 그것이다.

본능적으로 이익에 민감한 인간은 자신에게 이익이 있다고 판단했을 때 움직인다. 의식적으로든 무의식적으로든 자신에게 이익이 있는지 없는지를 행동 기준으로 삼기 때문이다. 이처럼 이익이 있으면 이익을 향해 움직이고, 이익이 줄어들면 공포를 느끼고 이익이 줄어들지 않는 방향으로 움직이는 감각을 지닌 동물이 사람이다.

'말과 행동이 일치하지 않는다'가 대전제

조직에서 부하 사원이 '리더를 따를 것인가, 따르지 않을 것인가?'도 전부 '내게 이익이 있는가, 없는가?'에 따라 결정된다. 그 리더 밑에 있는 것이 자신에게 '이익'이라고 판단하면 부하 사원은 '리더를 따르자.'라고 생각한다. 반대로 '이익이 되지 않는다.'라고 판단하면 리더가 아무리 좋은 사람이라 해도 따르지 않는다.

진정으로 따르고 싶은 리더는 이익을 가져다주는 사람이다. 업무에 관해서는 까다롭지만 '이 리더 밑에서 일하면 몇 년 후에는 성장할 수 있을 거야.'라고 느끼게 하는 것이 중요하다.

부하 사원이 회사에 다니는 이유는 친구나 연인을 찾기 위함이 아니다. 비즈니스를 위해, 돈을 벌기 위해 다니는 것이다. 어쩌면 부하 사원이 다음과 같이 말할지 모른다.

"즐겁게 일할 수만 있다면 그것으로 만족합니다."

"편하게 일할 수 있으면 성장하지 못해도 괜찮습니다."

그러나 리더가 부하 사원이 한 이 말을 진심으로 받아들인다면 리더로서 실격이다. 정말로 즐거움만을 원하는 사람이라면 회사에 다니는 대신 친구나 연인과 즐겁게 놀러 다니고, 진심으로 편하게 일하는 것만을 원하는 사람이라면 책임이 적은 아르바이트 같은 일을 할 것이다. 즉, 양쪽 모두 리더가 생각해야 할 문제가 아니라는 말이다. 게다가 부하 사원도 마음속으로는 '즐겁기만 해서는 안 돼.', '편하기만 한 것은 의미가 없어.'라고 생각할 수 있다.

사람이 항상 말과 행동을 일치시키면서 사는 것은 아니다. 표면적으로 보여주는 태도와 속마음이 따로 있다. 리더의 가면은 이것을 이용한 매니지먼트 방법이다. 책임있는 리더라면 부하 사원의 본심이 '성장하기를 바란다'는 것을 전제로 매니지먼트를 함으로써 부하 사원이 '쓸모없는 회사의 노예'가 되지 않게 해야 한다.

나는 당신이 리더의 가면을 쓰고 부하 사원에게 장기적으로 '어떤 이익을 가져다줘야 하는가?'를 이해하는 리더가 되기를 바란다.

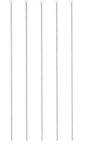

언제나 '조직이 있기에 개인이 있다'

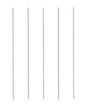

Leader's Mask

최근에 우리 사회에서는 '프리랜서가 되자.', '부업을 하자.', '회사를 효과적으로 이용해 개인의 기술을 높이자.'라는 분위기가 유행한다. 또한, '회사에 이용되지 말고 회사를 이용하자.'라는 발상을 권하는 인플루언서들도 있다.

그러나 나는 개인이 '회사에 효과적으로 이용되는' 것을 의식하는 편이 빠르게 성장하는 길이라고 생각한다. '조직이 있기에 개인이 있다.'라는 발상이 개인의 성장에 더 도움이 되기 때문이다. 아무리 우수한 사람이라도 회사원이라면 외부에서 'A사의 ○○씨'와 같이 소속된 조직과 한 세트로 인식된다. 개인의 힘, 개인의 존재만으로 살아갈 수 있는 사람은 극소수에 불과하다. 사람들은 대부분 '조직이나 공동체에 공헌하고 있는가?'에 따라 대가를 획득하는 존재들이다. 독립해서 사회의 평가를 받는 것도, 조직 속에서 상사에게 평가를 받는 것도, 본질적으로는 같은 메커니즘이다. 회사에서 높게 평가받지 못하는 사람이 사회에서 높게 평가받는 일은 거의 없다. 난이도로 치면 회사를 뛰쳐나와 자신의 힘으로 사회의 평가를 받는 쪽이 더 어렵다.

독립해서 혼자 일한다.
회사의 최고 경영자로서 일한다.

이 자체의 의미는 시장의 평가를 직접 획득하는 존재가 된다는 것이다. 그리고 '사회'라는 더 큰 공동체의 인정을 받는 과정은 굉장히 어려운 일이다. 누구라도 회사원이 되든 개인 사업을 하든 '사회의 일원으로서' 성과를 올려야 한다. 따라서 '개인'과 '조직'은 본래 나눌 수 있는 것이 아니다. '조직 속의 개인', '조직이 있기에 존재하는 개인'이 있을 뿐이다.
독립해서 성공할 수 있는 사람은 조직 속에서도 성공할 수 있는 사람이다. 이 순서를 착각하면 안 된다.

거대한 매머드 고기를 나누자

애초에 인간이 집단을 형성하는 이유는 무엇일까? 집단으로 행동하는 편이 더 큰 성과를 얻을 수 있기 때문이다. 언제부터인가 조직의 이점이라고 하면 종신 고용이라든가 연공 서열을 떠올리게 되었지만, 사실 이런 것들은 부차적인 요소일 뿐이다. 고용을 완전히 보호받을 수 있다는 것만이 조직의 이점이 아니라는 말이다.

집단일 때 비로소 이룰 수 있는 성과가 있다. 커다란 물건을 움직이거나 큰 이익을 얻으려 할 때, 사람은 집단을 형성한다. 먼 옛날, 인간은 집단을 형성해서 함께 사냥함으로써 거대한 매머드도 잡을 수 있게 되었다. 개개인이 작은 동물을 사냥하는 것이 아니라 자신들보다 훨씬 거대한 매머드를 사냥한 다음 그 고기를 나누었다.

'집단으로 큰 이익을 획득한 뒤, 획득한 이익을 분배한다.'

이렇게 하면 개개인이 따로따로 일할 때보다 결과적으로 많은 이익을 얻는다.

매머드를 사냥하는 것처럼 집단으로 움직이면서 멤버가 적절하게 행동하면 개인과 전체의 이익을 최대화할 수 있다. 대기업이 될수록 급여가 높아지는 것도 그런 이유에서다. 큰 사냥감을 잡으면 개인이 분배받는 몫이 늘어난다. 이것이 올바른 순서다.

이익을 지향하면 길을 잃지 않는다

"조직의 이점은 동료와의 결속감이다."라고 말하는 사람도 있다. 물론 그런 측면이 있기는 하다. 하지만 그것은 부차적인 이익일 뿐이다. 매머드를 사냥한 집단은 말 그대로 한솥밥을 먹기 때문에 결과적으로 친해질 수밖에 없다. 고기가 먼저이고, 동료 의식은 덤으로 딸려 온 결과라는 말이다.

고도 경제 성장기에는 모두가 일본의 성장을 믿었다. 즉, 의문을 품지 않고 매머드와 대치할 수 있었다. 그러나 지금은 미래에 대해 불확실한 요소가 너무나도 많기 때문에 조직에서의 성장을 확신할 수가 없다. 그러므로 일본에 사는 모두가 방황하면서 일하고 있다. 식학을 도입하는 곳이 늘어나는 이유에는 이런 배경이 자리하고 있다.

우리를 찾아온 경영자 중에는 조직의 이익보다 사원의 의욕을 우선해야 한다는 발상을 배웠다가 길을 잃어버린 사람이 많다. 이렇게 사원들의 의욕을 높이는 매니지먼트를 추천하는 컨설팅 회사가 많은데, 이 방법으로는 회사가 운영되지 않아서 경영자가 식학을 도입하려고 하는 것이다.

식학에서는 모든 멤버가 '조직의 이익'을 향하게 만들기 위한 시스템을 가르친다. 이익을 최대화함으로써 모두의 몫을 늘리고, 리더가 현장의 위치에 있는 멤버들이 매머드를 향해 나아가도록 만든다.

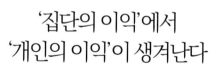

'집단의 이익'에서
'개인의 이익'이 생겨난다

Leader's Mask

'이익'에 관해 조금 더 이야기하고 넘어가겠다. 지금까지 설명한 것에서도 알 수 있듯이, 리더의 가면에는 집단이 개개인의 규칙에 맞춘다는 발상이 없다.

집단의 규칙 속에서 개인이 자신다움을 발휘하면 아무런 문제가 없다. 그런데 '개인이 자기주장을 하고, 집단이 여기에 맞춰 나가야 한다.'라고 착각하는 사람이 많다. 그 대표적인 예가 제2장의 125페이지에서 소개한, 소집단을 만들어서 회사에 반발한 리더였다.

본래는 먼저 '집단의 이익 증가'가 있고 그다음에 '개인의 이익 증가'가 있다. 이것이 올바른 순서다. "나는 집단의 이익을 증가시키기 위해 어떤 공헌을 하고 있을까?"라고 자문자답해 보라. 만약 아무런 대답도 떠오르지 않는다면 지금까지 자신만을 생각해 왔는지도 모른다. 그런 사람은 회사에서도 그렇게 평가받고 있을 것이다.

조직을 우선하며 상부에 정보를 제공하자

우리는 리더가 되면서 처음으로 조직에 대해 진지하게 생각한다. 즉, '자신의 이익' 이외의 것을 생각한다는 말이다. 좋은 리더와 나쁜 리더를 가르는 분기점은 이때 무슨 생각을 하느냐다. 부하 사원 개개인에게 호감을 사려고 하는가, 아니면 팀 전체의 실력 향상에 초점을 맞추는가? 이렇게 생각하면 '사원의 의욕을 높이자.', '감정의 유대를 강화하자.'라는 방법이 잘못되었음을 깨닫게 될 것이다.

설령 부하 사원의 수가 2~3명뿐인 팀의 리더라고 해도 팀조직에서 가장 높은 위치에 있다는 사실에는 변함이 없다. 그러므로 리더는 언제나 '회사의 이익을 위해서 일하기' 관점에서 무엇을 해야 할지 생각해야 한다. 예를 들어, 회사의 최고 경영자가 깨닫지 못한 정보가 있으면 적극적으로 제공하라.

"다른 회사에서 새로운 서비스를 내놓아 고객을 빼앗고 있습니다."
"지금의 업무량으로는 하루에 3시간 이상 야근을 해야 합니다."

이처럼 팀장 같은 중간 리더는 회사에 도움이 되는 구체적인 정보를 제공해야 할 의무가 있다.
그러나 '조직의 이익'을 생각하지 않는 리더는 다음과 같은 식으로 말한다.

"우리 회사의 서비스는 너무 형편없어. 다른 회사는 저렇게 훌륭한 서비스를 제공하는데 말이야."
"요즘 왜 이렇게 야근이 많은지 모르겠어. 정말 글러 먹은 회사야."

이런 말들은 리더가 부하 사원들의 인기를 얻으려 하는 것이다.
리더의 사고방식에 따라 '조직의 이익'을 늘릴 기회를 잃어버릴 수 있다. 그러므로 리더는 '조직의 이익'을 우선으로 생각하며 자신의 말과 행동을 바로잡아야 한다.

이해상반을 일으키지 않기 위한 '두 개의 축'

이 책이 대상으로 삼는 리더는 '갈등'에 시달리는 경우가 많다. 현장의 부하 사원을 생각하면서 동시에 상부로부터 지시받은 목표 수치를 달성해야 하는 중간 관리직이기 때문이다. 그런 까닭에 둘 사이에 끼어서 피폐해져 가는 리더가 참으로 많다.

그럴 때는 다음과 같이 자문자답을 해 보라.

"이것이 이해상반을 일으키지는 않을까?"

이 질문은 개인과 회사가 각자의 이익을 추구하는 방향이 서로 어긋나는 관계, 즉 '이해상반'을 일으키고 있지 않은지에만 주목하는 것이다.

개인이 이익을 추구함으로써 회사가 이익을 얻을 수 있는 경우는 '성장'뿐이다. 또한 개인도 회사의 성장에 공헌할 때 비로소 성장이라는 '이익'을 얻을 수 있다. 개인이 '성장'이라는 이익만을 추구하면 회사와 이해상반을 일으키지 않고 영원히 이익을 획득해 나갈 수 있다.

그러나 개인이 '동료들과 즐겁게 일하고 싶다.', '복리후생이 충실했으면 좋겠다.' 등의 이익만을 추구하면 때때로 회사와 이해상반을 일으킨다. 회사가 구성원들에게 이해상반을 일으키는 이익을 계속 제공하는 것은 불가능하다.

그럴 때일수록 리더는 "이것이 이해상반을 일으키지는 않을까?"를 자신에게 질문해야 한다. 리더의 가면 안쪽에서 자신에게 이 질문을 하면 지금 무엇을 해야 할지가 명확해진다.

지금까지 '조직의 이익'에 관해 이야기했다. 그런데 이 이야기는 자칫 큰 오해를 낳을 수 있다.

'개인을 경시하다니!'
'그렇게 해서 조직이 개인을 짓누르는 것이었군!'

이와 같은 거부 반응을 보이는 사람이 생길 우려가 있다. 그런 이유 때문에 매머드 예를 통해서 개인과 조직의 관계를 자세히 설명했다.

내 말은 "조직을 위해 개인을 버리시오."라는 의미가 아니다. "조직을 위해서 일하면 그것이 개인의 이익으로 연결된다."라는 사실과 이익의 관점에서 조직과 개인의 '끊으려야 끊을 수 없는 관계성'에 대해 말하는 것이다.

앞으로 리더가 될 당신이 발상을 전환하기를 기대한다.

리더는 '공포'의 감정을
역이용한다

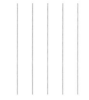

Leader's Mask

인간은 이익을 잃을 때 '공포'를 느낀다.

식학에서는 그런 '공포'의 감정도 매니지먼트에 도입했다.

'공포'는 사람이 살아가는 데 중요한 감정이라고 생각하기 때문
이다.

인간은 사고나 재해가 일어나면 공포를 느끼고 그것을 회피
하는 방향으로 행동한다. 공포는 죽음을 피하기 위한 중요한 신
호다. 따라서 공포를 올바르게 인식하고 회피하도록 행동하면

151

살아남을 수 있다.

'지금 나는 무엇에 공포를 느끼고 있는가?'

이 문제를 한번쯤 생각해 보기 바란다. 그리고 느껴야 하는 공포의 종류를 착각하고 있지는 않은지 확인해 보라.

가령 과장이 회사에서 자신의 지위를 지키고자 한다면 '과의 실적이 오르지 않는 것'에 공포를 느껴야 한다. '지금 부하 사원에게 미움을 받는 것에 대한 공포'가 우선되고 있다면 착각이다.

'오늘은 저기압인 것 같으니 업무를 맡기지 말아야겠군.'
'타이밍이 좋지 않아 보이니 나중에 보고하자.'

이와 같이 리더가 눈앞의 일에 공포를 느껴서는 안 된다. 그리고 이때 생각해야 할 것이 앞에서 설명한 '조직의 이익'이다. '조직의 이익'이 감소하는 것에 공포를 느끼고 있다면 올바른 공포를 느끼고 있는 것이다. 그러나 리더가 지금 이 순간에 불쾌한 기분을 느끼는 것에 공포를 가지고 있다면 리더로서 실격이다.

이것을 판단하기 위한 축으로서 '무엇에 공포를 느끼고 있는가?'를 자신에게 물어보라.

위기감을 느끼는 사람, 느끼지 않는 사람

10년 후에 회사가 망한다면 나는 다른 곳에서 일하며 먹고살 수 있을까?

앞으로는 이런 '공포'도 느끼게 될 것이다. '이대로는 안 돼.' 라는 위기감이 있고, 현재 있는 곳에서 그 위기감을 극복하려는 자세가 있다면 '성장'으로 이어진다. 자진해서 공부하거나 업무 방식을 개선하려고 자신의 머리로 생각하기 때문이다.

자신도 리더로서 이렇게 생각을 해야 하고, 부하 사원에게도 계속해서 그런 기회를 줘야 한다. 이것이 좋은 리더의 모습이다. 그리고 이런 상황을 만들어 내는 것이 '좋은 긴장감'이다.

'내가 어떻게 행동하든 뭐라고 하지 않아.'
'목표를 달성하지 못해도 말 한마디 안 해.'

부하 사원이 이렇게 생각하도록 방치하는 리더 밑에서는 '좋은 긴장감'이 생겨나지 않는다. 그러면 부하 사원이 성장하지 못하고 팀도 성과를 내지 못한다. 당연히 리더도 좋은 평가를 받을 수 없다. 그런 리더는 언젠가는 회사로부터 필요 없는 사람으로 여겨질 것이다. 일자리를 잃을 위험성이 크다는 말이다.

그렇다고 해서 "공포 정치를 하시오."라는 말이 아니다. 무서운 표정을 짓고 험악한 말투로 말할 필요는 없다. 어디까지나 '좋은 긴장감'이 중요하다.

자세한 내용은 제4장에서 이야기하겠지만, 개인의 목표는 지금 해낼 수 있는 수준보다 '약간 높게' 설정해야 한다. 그러면 지금과의 '차이'가 생겨나고, 그 차이를 메우려고 노력하게 된다. 그리고 목표를 달성하면 다시 '약간 높은' 목표를 설정한다. 이 과정을 반복하는 것이다.

적당한 '긴장과 책임'을 줘서 더 높은 곳으로 이끈다

그렇게 해서 적당한 긴장과 책임을 계속 주는 것이 리더의 역할이다. 지나치게 무리한 목표일 경우는 처음부터 포기해 버리지만, 조금만 노력하면 닿을 수 있는 목표일 경우는 누구라도 힘을 낸다. 가령 근력 트레이닝이나 마라톤을 생각해 보자. 첫날부터 무리해 버리면 몸이 아파서 계속하지 못한다. 꾸준히 계속하기 위한 비결은 매일 '아직은 조금 더 할 수 있을 것 같지만, 오늘은 여기까지만 하자.', 즉 한계에 다다르기 직전까지만 하는 것이다. 그렇게 꾸준히 계속하면 근력이 붙어서 무거운 물건을 들어 올리고 더 먼 거리를 달릴 수 있다.

업무도 마찬가지다. 장기적으로 성장하려면 '조금만 더, 조금만 더'를 매일 꾸준히 쌓아 나가야 한다. 그리고 이를 위한 '좋은 긴장감'을 만드는 것이 리더의 역할이자 리더의 가면, 즉 다섯 가지 축의 힘이다.

여담이지만, 오랫동안 대기업에서 일하고 있는 사람이 더 '잘못된 공포'에 빠지기 쉽다. 쉽게 망하지 않는 대기업에서 일하는 사람은 사내의 인간관계를 지나치게 의식하는 경향이 있고, 반대로 언제 망해도 이상하지 않은 회사에서는 '사원들의 사이가 좋은가, 나쁜가?'를 신경 쓸 겨를이 없기 때문이다.

섣부르게 편안함을 느끼고 긴장감 없이 지내는 사람일수록 주위 사람들과 사이좋게 지내지 못하는 것에 무의식적인 '공포'를 느끼는 법이다.

이런 공포는 본래 느낄 필요가 없는 공포이며, 리더는 실제로 다가올 미래의 '공포'를 더 두려워해야 한다.

사실만을 추려내
'변명의 여지'를 없애 나간다

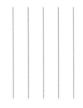

Leader's Mask

이제 구체적으로 리더가 해야 할 일을 제시하겠다. '좋은 긴
장감'을 양성하기 위한 매니지먼트법, 말하자면 '변명을 없애
나가는 커뮤니케이션'이다.

제2장의 실천에서는 담담하게 사실을 확인하는 '보연상' 즉,
부하 사원에게 보고·연락을 하도록 미리 지시해 놓고 사실을
확인하는 커뮤니케이션을 해야 한다고 설명했다. 그리고 이때
부하 사원은 '목표를 달성하지 못했을 경우 변명을 궁리한다.'

라고 전제했다.

당신이 회사에서 근무 1년 차였을 때를 떠올려 보라. 보고·연락을 할 때 '변명'을 곁들인 적이 많지 않았는가? 이제는 당신이 리더로서 그 변명과 대치할 차례다.

`

모호한 말과 행동을 '숫자'로 치환한다

다음은 어느 빌딩 관리업체 과장의 이야기다. 신입 부하 사원이 생각만큼 성장하지 못하고 있었는데, 업무 방식을 개선시키려고 조언을 해도 이런저런 변명을 하면서 빠져나가는 일이 많았다.

"저번 주에는 주문을 전혀 받지 못했습니다. 대부분의 고객이 코로나바이러스 영향으로 실적이 악화되어서 지금은 관망 중이라고 말합니다."

이런 보고가 올라왔을 때, 그 과장은 예전에는 아래와 같이 평가했다.

"그렇군. 지금은 코로나바이러스 때문에 모두가 난리이니 어쩔 수 없지. 다음에는 좀 더 힘을 내게."

이래서는 아무것도 개선되지 않는다. 이제 과장은 부하 사원의 보고를 유심히 듣고 그 보고 속에서 '사실'만을 추려내기로 했다.

"방금 '대부분'이라고 했는데, 고객 몇 곳을 찾아갔고 그중 몇 곳에서 그런 말을 했는지 말해 주겠나?"

이렇게 사실을 확인해 보니, 고객 전원이 코로나바이러스를 이유로 들지는 않았음을 알 수 있었다.

담담하게 사실을 추려 나가자 부하 사원은 점차 자신의 책임을 자각하고 지적한 점에 대해 어떻게 개선해야 할지 스스로 답을 찾았다.

자세를 바꾸지 않고 변명하면서 현재 상황을 빗어나려고만 하는 부하 사원은 확실히 몰아붙일 필요가 있다. "몰아붙인다." 라고 말하면 오해하는 사람도 있겠지만, 어디까지나 담담하게 사실을 확인해 나가는 것 뿐이다. "이런 식이면 곤란한데.", "뭐 하는 건가?"라고 심하게 채근하는 것이 아니다.

'일정한 긴장감'을 유지하고 있는가?

또 다른 예도 소개하겠다. 어느 제조업 회사의 과장 이야기다.

그에게는 직장 생활 4년 차의 젊은 부하 사원이 있었는데, 지각이 잦고 진지하게 일하거나 솔선해서 일을 배우려고 하지도 않았다. 그러나 과장은 그 부하 사원이 지각해도 가끔 주의만 주었다. 지각할 때마다 주의를 주면 회사를 그만두지 않을까 걱정했기 때문이다. 그리고 매일 할 일을 지시하고도 얼마나 했는지는 항상 과장 자신이 직접 확인해야만 했다.

그 결과 어떻게 되었을까? 지각의 경우, 지적을 하면 일주일 정도는 지각하지 않았지만 그 뒤에는 다시 지각을 계속했다. 업무의 경우도 과장이 보고 있을 때는 열심히 하는 척하지만 과장이 없으면 건성건성 일을 했다.

한마디로 '상사가 뭐라고 할 때만 열심히 일하는 척하는 전형적인 나쁜 태도'를 지닌 직원이었다.

나는 식학의 발상을 도입해 방식을 바꾸게 했다. '지각은 자세의 규칙이므로 부하 사원이 어떻게 생각하든 지각을 하면 반드시 지적한다. 일상의 업무 상황은 일일 업무 일지를 작성해 직접 보고하게 한다.' 이 점을 철저히 지키게 했다.

처음에는 그 부하 사원이 보고할 때 '변명'이 많았다. 그러나 달성하지 못한 이유를 생각하게 하고 다음에는 어떻게 할 것인지를 매번 확인하자 점차 행동에 변화가 나타나기 시작했다. 그리고 지금은 옛날과는 완전히 다른 사람이 되어서 지각도 하지 않으며 조직의 든든한 인재로 성장했다.

여기에서 배울 점은 이따금 몰아붙이는 것만으로는 의미가
없다는 사실이다. 어떨 때는 말을 하고 어떨 때는 말하지 않으
면 말을 했을 때만 열심히 하려고 하기 때문에 리더는 항상 일
정한 긴장감을 유지해야 한다. 그러지 않으면 부하 사원에게 기
분이 좋을 때는 관대하고 기분이 나쁠 때는 잔소리가 많다는 인
상만 줄 것이다.

'자신의 가치관'을 강요하는 것은 의미가 없다

지금까지 변명의 여지를 없애는 커뮤니케이션에 관해 설명했
다. 더욱 구체적인 방법은 후반의 설천 편에서 소개하겠다.

여기서는 한 가지 사실만 더 기억하기를 바란다. 부하 사원에
게 업무에 대해 지적할 때 '열심히 일해야 할 이유를 준비하지
않는다.'라는 점을 기억하라. 상사의 지시를 실행하는 것은 '당
연한 일'이며, 여기에 이유는 필요가 없기 때문이다.

상사가 흔히 저지르는 실수 중 하나가 일의 의미나 가치를 이
야기하는 것이다.

"고객이 환하게 웃는 얼굴을 떠올리면 열심히 일할 수 있을

걸세."

"세상에 커다란 가치를 만들어 내려면 열심히 일해야지."

이처럼 일에 대한 자신의 가치관을 이야기하며 부하 사원의 마음을 움직이려고 하는 행위는 오히려 역효과를 부른다. 물론 개중에는 마음이 움직이는 부하 사원도 있을 것이다. 하지만 그런 경우는 극히 드물다. 대부분은 '무슨 소리를 하는 거야?'라며 무시할 뿐이다. 최악의 경우는 '나는 상사하고 가치관이 다르니까 열심히 일할 필요가 없네.'라며 변명거리로 삼을 수도 있다.

일의 의미나 가치관은 '스스로' 발견하는 것이다. 다른 사람이 강요할 수 있는 것이 아니다.

우수한 플레이어였던 리더는 아마도 '자기 나름의 가치관이나 업무관'을 가지고 있을 것이다. 그래서 그것을 부하 사원에게도 전하려 한다. 그러나 아무리 이야기한들 부하 사원에게는 전해지지 않으며, 결국 리더가 '왜 이렇게 내 마음이 전해지지 않는 걸까……'라고 실망한다. 이런 중간 관리직이 참으로 많다.

물론 부하 사원이 먼저 "일을 할 때 어떤 것을 중요하게 생각해야 할까요?"라고 물어보는 경우가 있다. 이 경우는 그 부하 사원도 '성장하고 싶다.', '상사가 나를 도와줬으면 좋겠다.'라고 생각한 것이다. 그럴 때는 부하 사원이 상사의 이야기를 듣고자 하는 마음가짐이 된 것이므로 자신의 가치관을 이야기하면 된다.

그러나 일상 속에서 업무를 볼 때나 피드백을 할 때 리더 자신의 가치관을 이야기하는 것은 금물이다. 개인적인 생각은 접어 두고 사실에 바탕을 둬야 한다. 부하 사원에게 인생 선배로서 인간적으로 설교를 하려는 마음을 꾹 억누르는 것 또한 리더의 가면 역할 중 하나다. 이 점이 정말 중요하다.

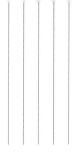

건전한
'경쟁 상태'를 만든다

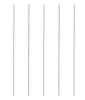

Leader's Mask

이 장에서는 '규칙', '위치'에 이어 '이익(공포)'에 관해서 설명
했다. 지금까지 이야기한 내용을 리더가 잘 실천한다면 부하 사
원과 좋은 긴장감'이 조성되어 다음 단계로 넘어갈 수 있다. 다
음 단계는 적절한 '경쟁 상태를 만드는 것'이다. 인간의 성장을
생각할 때, 조직으로서 가장 좋은 상태는 '경쟁이 벌어지고 있
는 상태'다. 이상적인 조직에서는 건전한 경쟁이 벌어진다. 만
약 경쟁이라는 말이 싫다면 '절차탁마(切磋琢磨, 열심히 노력하며 갈
고 닦는다는 의미-역자주)'라고 바꿔 말해도 무방하다.

당연한 말이지만, 어떤 업계에 있든 경쟁사와 경쟁하는 것은 자본주의 사회에서 피할 수 없는 현실이다. 그러나 진정으로 강한 회사는 그 회사의 내부에서 경쟁이 벌어지고 있는 경우가 대부분이다. 가령 제조사라면 사내에서 가장 힘을 쏟는 상품이 있다. 다른 부서들이 그 주력 상품의 매출을 넘어서고자 절차탁마하고 있는가? 아니면 주력 상품이 매출을 올려 주고 있으니 걱정할 필요 없다며 느긋하게 일하고 있는가? 전자냐 후자냐에 따라 가까운 미래에 엄청난 차이가 생겨날 것이다.

그렇기 때문에 리더는 건전한 경쟁을 유도하는 상황을 만들어 나가야 한다. 물론 회사 경영자의 생각도 있겠지만, 부하 사원을 서너 명 둔 리더도 자신의 팀에서 건전한 경쟁이 일어나도록 상황을 만드는 것이 바람직하다.

"제자리에 서서, 준비, 땅!"을 하자

여기에서는 50미터 달리기를 예로 들어서 설명하겠다. 가령 전원이 같은 출발점에 서서 50미터 앞의 결승점을 목표로 달린다고 가정하자. 이때 "제자리에 서서, 준비, 땅!"이라고 외치면 경쟁이 시작된다.

'제자리에 서서'의 '자리'는 제2장에서 이야기한 것과 같다.

부하 사원들이 불평등함을 느끼지 않고 공정한 상태에 있는 것, 그것이 '제자리에 서서'의 의미다.

또한 50미터 달리기에도 '규칙'은 필요하다.

'자전거나 자동차를 사용하지 않고 자신의 다리로 달릴 것.'

'결승 테이프는 가슴으로 끊을 것.'

이처럼 모두가 지켜야 할 달리기 규칙이 존재한다. 생각해 보면 모든 스포츠에는 '규칙'이 있으며, '공정'한 처지에서 플레이한다. 그런데 회사에서는 그 '규칙'이 명확하지 않으며, 감독인 리더가 공정하지 않은 판단을 하는 경우가 많다. 이것을 리더가 바로잡아야 한다. 즉, '업무'를 끝없이 '스포츠'에 가깝게 만드는 것이 리더가 추구해야 할 역할이다.

리더가 자신이 아끼는 선수만 5미터 앞에서 출발하게 하거나 더 좋은 스파이크를 선물하는 행위를 하면 안 된다. 그러나 회사 조직에는 이런 비상식적인 매니지먼트를 하는 리더들이 많다.

경쟁을 최대한 '가시화'해야 하는 이유

경쟁을 알기 쉽게 만들기 위한 궁리도 중요하다. 방법은 무엇이든 상관없지만, 간단한 방법은 '가시화'하는 것이다. 영업 부서라면 성적을 모두가 볼 수 있게 하는 방법이 효과적이다. "성적을 가시화하면 모두의 관계가 껄끄러워진다."라고 말하는 사람도 있다. 그러나 생각해 보라. 가시화하지 않아도 모두의 마음속에는 '나는 지금 위에서 몇 번째일까?'와 같이 순위를 궁금해 하는 심리가 있기 마련이다. 그럴 바에는 아예 모두가 볼 수 있도록 공개해 버리는 편이 낫다.

가정에서는 자녀 중 누가 더 사랑스러운지 순위를 매길 필요가 없다. 그러나 회사 조직의 경우, 다른 사람과 비교되지 않는 '절대적 가치'는 없다고 생각해야 한다. '세상에서 단 하나뿐인 꽃'이라 해도 꽃집에서는 팔려 나가는 순위가 있다. 즉, '상대적 가치'를 계속 평가받는다. 회사를 그만두고 가게를 차리더라도 근처의 가게들과 경쟁하고, 프리랜서가 되어도 다른 프리랜서와 일거리를 두고 경쟁해야 한다. 경쟁으로부터 도망칠 수는 없다. 그런 현실을 멤버 전원이 받아들이게 해야 한다.

가시화한 상태에서도 '남들과 비교하지 않아도 돼.', '나답게 살면 돼.'라고 생각하며 사는 것은 개인의 자유다. 그런 사람에게 "꼴찌잖아.", "1위가 되도록 노력해 봐."라고 강요할 필요는 없다. 리더에게는 어디까지나 숫자로 현실을 제시하는 자세가 필요하다. 그때가 리더의 가면이 힘을 발휘하는 순간이다.

부하 사원이 당당하게 현실을 바라보도록 기회를 주라. 그러는 편이 부하 사원이 사회에서 살아남기 위한 힘을 키우는 데 도움이 된다.

이 장에서는 멤버 전원이 '조직의 이익'을 향하도록 만드는 방법을 설명했다. 식학의 발상에는 '적재적소'라는 말이 존재하지 않는다. 조직 속에는 먼저 '역할'이 준비되어 있고 그 역할에 개인이 적응하도록 만드는 것이 올바른 순서이기 때문이다. 멤버 전원이 '자신다움'을 유지하면서 조직이 여기에 맞춰 나간다면 조직의 성장은 멈추고 만다.

그렇다고 개인에게 "성격을 바꾸시오."라고 말하는 것이 아니다. '바라보는 방향'만을 바꾸면 된다. '조직의 이익' 너머에 있는 '개인의 이익'에 시선이 향하도록 리더가 부하 사원들을 유도하는 것이다. 리더는 리더의 가면을 쓰고 그 한 점을 응시해야 한다.

제3장의 실천

'변명 무시'를
실천해 본다

Leader's Mask

제2장의 실천에서 부하 사원은 보고나 연락을 할 때 '변명을 궁리한다.'라는 이야기를 했다. '변명'에 대해 리더가 어떤 커뮤니케이션을 하느냐에 따라 부하의 성장 속도가 달라진다.

여기서도 '변명 무시'라는 명칭으로 그 방법을 설명하겠다.

"마음가짐이 부족했습니다."
"깊게 반성해서 의욕을 이끌어 내려 합니다."

부하 사원이 이런 보고를 했을 때 리더가 어떻게 받아들이느냐가 중요하다. 결론부터 말하면, '어떻게 느끼고 있는가?'는 개인의 감상일 뿐이다. 반성시키는 것이 목적이 아니므로 리더는 이런 말들을 전부 한 귀로 듣고 한 귀로 흘려야 한다. 주목해야 할 포인트는 부하 사원이 '다음에 어떤 행동을 할 것인가?' 뿐이다. 구체적으로 행동을 변화시키지 않으면 같은 실수를 반복하기 때문이다.

"다음에는 어떻게 할 건가?"
"구체적으로 어떻게 바뀌려 하는가?"

이렇게 계속 질문하라.

○ "방문 건수를 늘려 보겠습니다."
○ "제안하는 포인트를 압축해 보겠습니다."

이처럼 이후의 구체적인 행동을 이끌어 낼 때까지 타협하지 말고 추궁하는 것이 중요하다.
이때 부하 사원의 의욕을 높이려는 목적의 피드백을 하는 리더가 많다.

× "자네가 하는 일에는 이런 사회적 가치가 있다네."

× "그 업무를 해내면 고객에게 기쁨을 줄 수 있네. 바로 그것이 우리가 살아가는 이유야."

부하 사원에게 이런 식의 숭고한 메시지를 전하려는 리더는 '자신의 인생관'이나 '업무관'에 관한 이야기가 반드시 타인의 마음에 와닿는 것은 아니라는 점을 알아야 한다. 오히려 자칫하면 부하 사원이 '이 사람은 나하고 가치관이 다르구나.'라고 생각하며 다른 변명을 만들어 낼 여지만 줄 것이다.

부하 사원의 마음을 움직이고 싶은 마음은 이해하지만, 리더는 꾹 참아야 한다. 이것도 리더의 가면을 쓸 때 중요한 점이다. 그리고 '잔소리 때문에 부하 사원이 나를 싫어하지는 않을까?'라는 갈등과도 싸워야 한다.

물론 부하 사원의 말이 전부 변명인 것은 아니다.

○ "3시간 만에 작업을 마치기는 어렵습니다. 5시간을 주신다면 할 수 있을 겁니다."

○ "경쟁사는 10퍼센트 더 싼 가격을 제안했다고 합니다. 제게도 그 정도의 가격 인하는 단독으로 결정할 수 있는 권한 부여를 검토해 주셨으면 합니다."

이렇게 개선점이 명확하다면 '정보'로서 받아들여야 한다.

또한, 아래와 같이 자신이 맡은 업무를 근본부터 의심하는 경우도 종종 있다.

"왜 이걸 제가 해야 하는 겁니까?"
"그건 제가 해야 할 업무가 아닌 것 같습니다만……."

부하 사원에게 이런 말을 들으면 자세히 설명해야 할지 말아야 할지 고민하게 되지만, 기본적으로 부하 사원에게 업무의 의미에 대한 설명 책임을 다할 필요는 없다. 물론 그렇다고 해서,

× "잠자코 시키는 대로 하기나 해!"

이렇게 말하는 것은 좋지 않으며, 부하 사원과 상사의 '위치'를 인식하도록 설명하는 것이 바람직하다. 이를테면 다음과 같이 말해 준다.

"그건 자네가 판단할 문제가 아니라 책임자인 내가 결정할 일이네."

부하 사원에게 사실을 분명하게 전하는 것이 중요하다.

애초에 업무는 위에서 아래로 맡기는 것이다. 전혀 의미가 없는 업무를 부당하게 강요한다면 문제가 되지만, 일반적인 업무를 맡기는 것이라면 그 일을 해야 하는 의미를 일일이 설명할 필요는 없다. 일단 성실하게 진행하다 보면 나중에 의미를 알게 되는 업무도 많다.

리더의 가면을 쓰고 변명을 적절히 무시하면서 사실을 추궁해 나가면 부하 사원은 쑥쑥 성장한다. 처음에는 냉혹하다는 인상을 줄지도 모른다. 그러나 꾸준히 성과가 나면 그런 것은 생각할 필요가 없다.

이상이 '변명 무시'의 방법이다. 여기까지 읽은 당신이라면 틀림없이 실천할 수 있을 것이다.

제4장

칭찬을 받아야
성장하는 유형을
만들지 마라

'결과'의 사고법

Leader's Mask

당신이 레스토랑에 갔다고 가정하자.
아무리 요리사가 정성을 다해서 만든 요리이고
조리 과정을 열심히 설명했더라도
'맛없네.'라고 생각했다면
두 번 다시 그 레스토랑에 가지 않을 것이다.
영화나 소설도 마찬가지다.
아무리 제작비가 많이 투자되고,
취재에 많은 시간을 들였더라도

재미없는 영화는 재미없는 영화이며
따분한 소설은 따분한 소설이다.
'과정'은 아무래도 상관없다.
중요한 것은 '결과'다.
이것은 어떤 업무에든 적용되는 이야기다.
이 장에서는 리더가 올바르게
'결과'에 초점을 맞춰서
평가하는 방법을 설명하겠다.

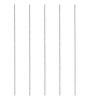

그 누구도 타인의 '평가'로부터
도망칠 수 없다

Leader's Mask

지금까지 나는 리더가 '공정하게 평가하는 것'의 중요성에 대해 수없이 이야기했다.

평가에는 두 종류가 있다. '자기 평가'와 '타인 평가'다.

지금 세상에는 '자기 평가'가 만연하고 있다. 그러나 식학에서는 '자기 평가'를 평가로 인정하지 않는다. 먼저 그 이야기부터 시작해 보자.

평가란 어느 정도의 대가를 획득할 수 있는지를 나타내는 기준이다. 즉, 타인에게서 얻을 수 있는 것과 결합시킨 개념이다. 가령 레스토랑에서 요리를 주문하거나 옷가게에서 옷을 고를 때를 생각해 보라. 점원이 "이 요리는 정성을 들여서 만든 제 작품입니다.", "이 옷의 장점은 장인정신이 담긴 수제품입니다."라며 열심히 설명한다. 그러나 한입 먹어 봤는데 영 맛이 없다면 더는 그 레스토랑에 가지 않을 것이다. 마찬가지로 옷을 입어 보고 전혀 어울리지 않았다면 장인정신이 담긴 수제품도 당신에게 어떤 의미나 가치가 없다.

물론 요리도 옷도 마음에 들어서 구입을 했다면 요리사의 정성이나 장인정신을 받아들일 수 있다. 그러나 이것은 어디까지나 타인 평가를 얻은 뒤의 단계다. 무엇이든 먼저 타인 평가를 획득하지 못하면 자기 평가는 아무런 의미도 낳지 못한다.

회사 내부의 '인기'에 주의하라

그렇다면 회사원에게는 무엇이 '타인 평가'일까? 단순하게 말하면 '상사에게 높은 평가를 받는 것'이다. 가령 '일을 잘하는 사람'이라는 평가는 '평가자가 원하는 성과를 낼 수 있는 사람'이라는 의미다. 적어도 회사에서 부하 사원에게 요구하는 기준은 상사가 원하는 성과를 지속적으로 내는 것이다.

예를 들어, 축구 국가대표팀에서는 감독에게 높은 평가를 받는 선수가 '좋은 선수'다. 팬 투표로 국가대표를 결정하지는 않는다. 인기 선수임에도 국가대표로 발탁되지 못하는 경우가 있는데, 이것도 당연한 일이다. 감독이 팬들을 생각해서 국가대표 선수를 뽑는다면 국가대표팀은 점점 약해질 것이다. 감독은 이기는 팀을 만들 '책임'을 갖고 선수를 뽑아야 한다.

리더도 마찬가지다. 사내에서 인기 있는 멤버를 높게 평가하거나 리더와 거리가 가깝고 친한 부하 사원을 높게 평가하기 시작하면 팀이 성과를 올리기 힘들다.

다음은 어느 IT 계열 기업의 경영자 이야기다. 부하 사원 중에 일은 그럭저럭 잘하지만 자신의 능력에 대한 자신감이 지나친 나머지, 고객과의 상담에 멋대로 끼어들어 자신이 하고 싶은 일만 선택하는 엔지니어가 있었다. 사교적인 유형인 까닭에 회사 내에서는 인기가 많고 돋보였지만 팀의 성과를 높이는 인물은 아니었으며, 경영자의 지시도 잘 따르지 않는 사원이었다. 게다가 자신의 판단 아래 멋대로 다른 부서의 업무까지 겸하고 있었기 때문에 그 부서는 '상사가 둘'인 상태였다.

부서에 상사가 둘 이상이 있으면 상사끼리 견제를 하고 책임자가 모호해져서 제대로 지시가 전달되지 않는다.

그래서 경영자는 그 부하 사원이 해당 부서에서도 부서의 리더를 상사로 따르도록 정리하고, 그 리더가 '규칙 설정'과 '보연상' 등을 철저히 하도록 지시했다.

회사에서 인기가 있다고 해서 부하 사원이 멋대로 행동하도록 내버려 두면 회사는 무법 지대가 되고 만다. 이런 경우에도 리더는 가면을 쓰고 인기에 상관없이 규칙대로 부하 사원을 관리해야 한다.

고객의 말에 끌려다니면 조직에 불이익을 초래한다

그렇다면 '회사의 내부보다 고객이나 사회로부터 높은 평가를 받아야 한다.'라는 의견은 어떨까? '회사의 내부보다 외부로부터 높게 평가받는 편이 좋다.'라는 생각도 마찬가지다.

이렇게 말하면 조직에서는 높은 평가를 받지 못하지만 마을 사람들에게는 사랑받는 경찰관이나 환자들에게 인기가 많은 의사 등을 상상할지도 모른다. 영화나 드라마에서는 이처럼 '조직과 싸우는 개인'이 주인공으로 자주 등장한다. 그러나 현실 세계에서는 생각할 수 없는 일이다.

리더가 생각해야 할 점은, 고객이나 사회를 우선해서는 안 된다는 사실이다.

가령 어떤 사원이 '상사'가 아니라 '고객'에게서 직접 평가를 받는 것이 좋다고 생각했다면 어떨까? 이 사원의 생각에는 무엇인가가 빠져 있다. 바로 '회사의 미래'라는 시점이다. 회사의 미래, 회사의 지속성을 생각하지 않고 '이 순간 고객의 이익을 최대화한다.'라는 선택을 해 버린 것이다.

고객이 "24시간 고객 대응을 해 주시오."라고 말하면 24시간 대응을 한다. "가격을 좀 더 내려 주시오."라고 말하면 제한 없이 가격을 내린다. 이런 행동을 하면 당장은 고객이 좋아할 것이다. 그러나 회사 조직이 24시간 대응을 금지하거나 고가 정책으로 승부한다고 결정했다면 그 규칙을 따르는 사원이 높게 평가받아야 한다. 장기적인 관점에서 '조직의 이익'을 줄이면서까지 고객을 만족시키는 행위는 조직의 지속성을 위협할 수 있기 때문이다. 조직이 장기적으로 생존하지 못하면 고객에게 서비스를 제공할 수 없고, 결과적으로 고객의 이익을 빼앗게 된다.

사원 한 명이 고객을 위한다는 핑계로 조직의 이익에 반하는 행위를 하는 것은 용납되지 않는다. 그런데 리더가 그 모습을 보고 "고객을 위해서 열심히 일하고 있군."이라고 평가하는 순간 조직은 엉망이 된다.

100페이지에서 "리더의 시선은 미래를 향해야 한다."라고 말했듯이, 장기적인 관점에서 바라보고 판단하는 것이 리더의 역할이다. 리더는 고객이나 사회가 좋아한다고 해서 '조직의 이익'을 줄이는 행동을 높게 평가해서는 안 된다.

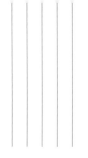

리더는 '과정'을
평가하지 말아야 한다

Leader's Mask

이 책에서는 지금까지 올바르게 평가할 수 있는 리더가 되려면 부하 사원과 거리를 둬서 '평등성'을 유지할 필요가 있음을 수없이 이야기해 왔다. 식학에서는 개인적인 호불호에 따른 평가를 없애고 객관적으로 올바른 평가를 철저히 하는데, 이를 위한 방법 중 하나가 '과정(프로세스)을 평가하지 않는다.'라는 것이다.

우리 사회에는 과정을 칭찬하는 것을 선으로 여기는 분위기가 있다. 결과가 따르지 못했더라도 과정에서 최선을 다했다면 그것을 긍정적으로 평가하는 것이 상식으로 여겨진다.

그러나 이 책에서는 그 생각에 정면으로 반대한다.

'칭찬받으면 성장한다'는 육아의 논리

왜 이렇게 '과정을 중시하는' 세상이 되어 버린 걸까? 육아에 관한 어떤 연구 결과가 원인 중 하나를 말해 준다. 그 연구에서는 초등학생이 시험에서 좋은 점수를 받아서 돌아왔을 때 두 가지 패턴으로 칭찬해 주고 이후에 성적이 어떻게 변화하는지를 조사했다.

첫 번째는 '능력을 칭찬하는'(좋은 점수를 받다니, 너는 역시 머리가 좋구나) 패턴이고, 두 번째는 '과정을 칭찬하는'(열심히 공부하더니 좋은 점수를 받았구나) 패턴이었다.

이 두 가지 패턴을 비교한 결과, 전자의 패턴으로 칭찬을 받은 아이는 시험 점수가 떨어졌고 후자의 패턴으로 칭찬을 받은 아이는 높은 점수를 유지했다. 그리고 이 결과에 따라 '열심히 공부했다는 과정을 칭찬해 주자.'라는 육아법이 일반적인 방법이 되었다.

이 연구 결과를 회사의 상사와 부하 사원의 관계에도 적용한 것이 현재의 과정 중시 매니지먼트다. 그러나 여기에서 중요한 점은 공부와 업무의 차이다. '공부를 하는 게 무슨 의미가 있지?'라고 생각하는 아이를 열심히 공부하도록 격려하려면 분명히 과정을 칭찬하는 방법이 중요하다. 학교 공부에는 명확한 성과가 없기 때문이다(대학 입시를 의식하는 것은 훨씬 훗날의 일이다).

그러나 업무는 공부와 본질적으로 다르다. 업무의 경우는 급여나 보너스라는 '눈에 보이는 성과'를 얻고 있다. 먹고살기 위해 일하고, 먹고살기 위해 급여를 받는다. 왜 공부하는지 의미를 잘 모르고 공부해야 하는 초등학생과 살아가기 위해 일하는 회사원을 관리하는 방법은 당연히 달라야 한다.

초등학생을 대상으로 하는 매니지먼트 방법을 회사 조직에 적용하고 있는 것이 문제라는 말이다.

무심코 한 칭찬이 부하 사원의 '착각'을 부른다

과정 중시의 폐해로 유명한 것이 '야근 어필'이다. 초등학생처럼 열심히 노력하는 모습을 칭찬해 준다면 '늦게까지 남아서 일하고 있는 부하 사원'도 칭찬해 줘야 한다. 정시에 일을 마치면서 결과를 내는 부하 사원과 야근을 해야 겨우 결과를 내는 부하 사원 중에서 결과가 같다면 더 높게 평가받아야 하는 쪽은 당연히 전자다. 그런데 리더는 자신도 모르게 후자의 부하 사원도 열심히 한다고 칭찬해 주고 싶어진다. 이때 중요한 것이 과정을 무시하는 '리더의 가면'이다.

야근하는 모습을 본 리더가 "열심히 일하는군."이라고 말을 했다고 가정하자. 그러면 부하 사원은 어떻게 생각할까?

'상사가 있을 때는 야근을 하는 편이 유리하겠군.'
'결과를 내지 못하더라도 늦게까지 열심히 일한다는 칭찬을 받을 수 있으면 돼.'

이렇게 생각할 수도 있다. 그러면 설령 리더는 야근을 좋게 평가할 마음이 없더라도 리더의 사소한 말과 행동이 부하 사원에게 '높게 평가받고 있다.'라는 생각을 심어 줘 서로 인식의 어긋남이 발생하게 된다.

과정 관리를 없애면 '노동 시간'은 줄어든다

다음은 영업 부문과 크리에이티브 부문을 총괄하는 어느 광고 회사 과장의 이야기다.

그도 처음에는 과정을 중시하는 매니지먼트를 했다. 영업 부문에서는 의욕을 높이는 것을 중시했고 크리에이티브 부문에서도 과정을 관리했는데, 그 결과 부서 전체에서 관리해야 할 공정이 늘어났고 전체의 노동 시간도 줄어들지 않아서 팀이 점점 피폐해져 갔다. 그래서 과정에 대한 개입은 전부 그만두고 결과만을 관리하기로 했다.

영업 부문에서는 방문 건수와 제안 건수라는 결과만을 확인했다. 크리에이티브 부문에서도 중간 경과는 보지 않고 각 크리에이터의 등급에 맞춰 보고 횟수와 지도 횟수를 설정했다. 그러자 노동 시간을 줄이면서도 알아서 돌아가는 업무가 늘어났고, 부서 전체의 일하는 방식이 개선되었다.

그전까지 부하 사원의 과정을 칭찬해 왔던 사람이 칭찬을 그만두는 것은 쉬운 일이 아니다. 그러나 리더의 가면을 쓰고 실천하며 부하 사원에게 맡겨 보라. 틀림없이 얼마 후에 부하 사원의 달라진 성장 속도를 실감하게 될 것이다.

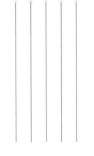

'긍정적인 회답'에
현혹되지 마라

Leader's Mask

과정을 평가하지 않는 방법의 장점은 야근을 줄이는 것 이외에도 많다. 제2장의 107페이지에서는 리더가 먼저 "그 건, 어떻게 되었나?"라고 물어보는 것을 그만두라고 이야기했는데, 이것도 과정에 초점을 맞추는 바람에 발생한 실패의 예다.

가령 리더가 부하 사원에게 "그 건은 어떻게 되고 있나?", "잘 진행되고 있나?"라고 물어봤다고 가정하자. 그러면 부하 사원은 정말로 순조로울 경우 "네, 순조롭게 진행 중입니다."라고 대답할 것이다. 그러나 정직하게 대답하지 않을 때도 많다.

"네, 긍정적인 회답을 받았습니다. 조만간 계약으로 이어질 것 같습니다(사실은 그다지 긍정적인 회답이 아니었지만……)."

이처럼 기대하게 만드는 대답을 하기 쉽다. 개중에는 이렇게 말해 버린 이상 열심히 노력해서 거짓말을 거짓말이 아니게 만드는 부하 사원도 있을 것이다. 그러나 그런 경우는 극소수에 불과하다.

"잘 되고 있나?"
"네, 순조롭습니다(사실은 전혀 진전이 없다……)."
"좋았어. 기대하고 있겠네!"

이것은 사실상 아무런 성과도 만들어지지 않은 상태에서의 대화다. 만약 그 후에 계약을 따내지 못한 채 기한이 도래했다고 가정하자.

"계약을 따내지 못했습니다. 직전에 마음에 변한 모양입니다."

이렇게 변명을 하거나 얼버무리게 된다. 더욱 안타까운 것은 보고를 받은 리더가 다음과 같이 착각하는 경우다.

"계약 직전에 틀어졌다는 말이군. 아쉽게 됐어. 하지만 지금
까지 노력한 것만큼은 높게 평가하네."

　리더가 오해한 채로 과정을 높게 평가해 버렸기 때문에 이런
결론이 나온 것이다. 결과적으로 계약을 따내지 못했음에도 도
중에 쓸데없이 말을 걸어서 '긍정적인 회답'을 들은 탓에 부하
사원을 높게 평가할 수밖에 없게 된 셈인데, 이것이 바로 인식
의 어긋남이 만들어 낸 비극이다.
　이런 사태를 피하기 위해서라도 제3장에서 이야기했듯이 리
더는 부하 사원의 '변명'을 없애는 커뮤니케이션을 하고 과정
은 평가하지 말아야 한다.
　긍정적인 회답을 하는 행위는 무의식중에 습관화된다. 그런
식으로 열심히 노력했음을 어필하는 부하 사원에 대해서는 '일
일 업무 일지를 통한 관리'로 전환하는 것이 효과적이다. 일일
업무 일지를 통해서 관리하면 숫자를 기준으로 부하 사원을 평
가할 수 있다. 방법은 간단하다. 일일 업무 일지에 "열심히 했
습니다!"와 같은 과정을 적는 공간을 없애고 수치화된 사실만
을 적게 하면 된다.
　이때 중요한 점은 "일일 업무 일지는 '일기'가 아니다."라고
말하는 것이다. 특히 젊은 사원은 일일 업무 일지와 일기를 구
별하지 못하는 경우가 많다. 부하 사원이 일일 업무 일지에 '감

상'을 적었다면 일기가 아님을 지적하고 지도하라.

'칭찬'의 큰 폐해

참고로, 나는 부하 사원을 거의 칭찬하지 않는다. 기한 내에 임무를 수행하는 것은 '당연한 일'이기 때문이다. '당연함'의 기준을 가급적 높게 유지하는 것이 내 역할이라고 생각한다. 인간의 의식구조상, 칭찬을 받으면 '그보다 약간 아래'가 '당연함'의 기준이 된다. 70점을 받은 사람을 "잘했어."라고 칭찬하면 '60점 정도'가, 80점을 받은 사람을 칭찬하면 '70점 정도'가 '당연한 것'이 되는 식이다.

그래서 '당연함'을 100점으로 설정해 놓을 필요가 있다. 목표에 대해 150퍼센트 이상의 성과를 내면 칭찬을 하지만, 이것도 100점 만점을 '당연한 것'으로 설정해 놓기 위함이다.

나는 식학을 실천하는 회사의 사장이므로 '안일하게 칭찬하지 않는다.'를 철저히 지키고 있다. 그러나 이제 막 리더가 된 사람이 전혀 칭찬을 하지 않는다는 것은 굉장히 어려운 일일지도 모른다. 그래도 '당연함'의 기준을 설정하고 그 기준을 크게 뛰어넘었을 때만 칭찬해 주는 것은 누구나 할 수 있는 일이다.

리더의 가면을 쓰고 "잘했어.", "대단해." 같은 말을 쉽게 입 밖에 내지 말아야 한다.

"나는 칭찬을 받아야 힘이 나는 유형이라서, 칭찬해 주지 않으면 의욕이 안 생겨."

젊은 사원 중에는 이런 말을 하는 사람도 있다. 그러나 사원은 초등학생이 아니다. 학생이 아니라 사회에 진출한 회사원인 이상, 칭찬을 받아야 성장하는 유형을 인정해서는 안 된다. 업무를 통해 고객에게 만족을 주거나 평가에 상응하는 보너스를 받아서 가족으로부터 칭찬을 받음으로써 자신의 승인 욕구를 충족하는 것은 개인의 자유다. 그런 욕구를 리더가 충족시켜 줘야 할 필요는 없다.

제3장에서 매머드 고기를 예로 들었는데, 이번에도 같은 예를 들어 보겠다. 모두가 함께 매머드를 사냥해서 다 같이 매머드 고기를 먹는 시대에는 명확하게 '성과'가 먼저였다. 따라서 "함께 매머드를 사냥해 온 거야? 대단해!"라고 말하는 것처럼 눈앞에 있는 고기와 평가가 직결되었다.

그러나 화폐가 탄생하고 회사 조직과 급여 제도가 정비되면서 '자신이 낸 성과'와 '눈에 보이는 평가'가 직접 연결되지 않는 사회가 되었다. 그러자 '성과'와 '평가'의 순서가 뒤바뀌어 버렸다. 성과를 내든 내지 못하든 거의 같은 급여를 받을 수 있기 때문에 '먼저 평가를 받음으로써 성과를 내기 위한 의욕이 샘솟는다.'라는 기묘한 이론이 성립한 것이다.

이 상황은 "함께 매머드를 사냥하러 가는 거야? 대단해!"라며 눈앞에 고기가 없는 상태를 칭찬하는 것과 같다.

회사 조직에서는 이런 모순이 당연하다는 듯이 일어나고 있다.

리더는 이런 모순에서 벗어나 모두가 '성과'를 향해 나아가도록 만들어야 한다. 과정을 칭찬하지 말고 큰 성과를 기다리는 리더가 되라.

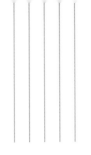

리더가 해야 하는
'점과 점'의 관리법

Leader's Mask

이 장에서 리더가 익혀야 할 내용은 '과정의 관리'가 아니라 '결과의 관리'다. 지금까지 규칙을 설정하는 방법과 일을 맡기는 방법에 관해 설명해 왔는데, 이 장에서의 설명도 그 연장선에 있다. 핵심은 '처음'과 '마지막'이다.

처음에 '목표 설정'을 하고, 확실히 일을 맡긴다.
마지막에 '결과'를 보고하게 하고, 평가한다.
이 점과 점의 관리를 배우라.

먼저, 목표를 설정할 때 해야 할 일은 규칙의 설정과 마찬가지로 명확한 언어화다.

"최대한 계약을 많이 따내 오게."

이런 식으로 두루뭉술하게 일을 맡기면 부하 사원은 어떻게 해야 할지 몰라 방황할 수밖에 없다. 반드시 '기한'과 '상태'를 제시해야 한다.

"일주일 후까지 계약을 세 건 성사시키게."
"다음 달 1일까지 100만 엔의 매출을 올리게."

이렇게 최대한 수치화한다. 다만, 영업의 경우는 매출 수치로 성과를 나타낼 수 있지만 일의 종류에 따라서 수치화가 불가능할 수도 있다. 그럴 경우도 궁리하면 "적극적으로 노력해 주게." 같은 모호한 표현을 사용하지 말고 아래와 같이 말하라.

"다음 달까지 업무 개선 아이디어를 세 건 생각해 오게."

이렇게 최대한 수치화된 목표를 설정할 수 있도록 이끌어야 한다.

업무의 요소를 분해해 횟수나 시간, 전년 대비 등 숫자를 찾아내서 목표로 연결시키는 것이 중요하다.

'하나부터 열까지 가르쳐 주기'와 '등을 보고 배우게 하기'의 중간 지점

목표를 설정했다면 리더는 그 기한이 오기 전에 먼저 부하 사원을 찾아가서 진행 상황을 확인하지 말아야 한다. 제2장에서 설명했듯이 부하의 '보연상'을 기다린다.

그런데 같은 사무실에서 부하 사원이 일하는 모습을 보고 있으면 '방법'을 가르쳐 주고 싶어질 것이다. 가령 부하 사원이 전화 응대하는 내용을 들었는데 명백히 경어 사용을 잘못하고 있거나 실례가 되는 표현을 사용하고 있다면 즉시 지적해야 한다. 그런데 혹시 이런 식으로 조언을 하고 있지는 않은가?

"내가 신입 사원이었을 때는 점심시간에도 전화 응대를 했고, 이메일로만 연락하고 끝내는 경우도 없었다네."
"내가 클레임 처리의 모범을 보여줄 테니, 잘 보고 따라 하게."

이처럼 과거에 자신이 했던 방식을 강요해서는 안 된다. 자신은 부하 사원에게 다가가 친절하게 보살펴 준다고 생각할지도 모르지만, 지금까지 몇 번을 이야기했듯이 이런 리더가 부하 사원의 성장을 가로막는다.

자신의 방식을 강요하면 '상사와 똑같이만 하면 되는구나.'라고 착각하는 부하 사원도 생긴다. 목표를 결정하면 중간 과정은 부하 사원이 창의적으로 궁리하거나 실패를 거듭하면서 시행착오를 통해 익혀 나간다. 그러나 리더가 성급하게 도와주면 부하 사원이 실패를 통해서 배움을 얻을 기회를 빼앗게 된다.

물론 "무엇부터 손을 대야 할지 모르겠습니다."라고 말하는 부하 사원도 있을 것이다. 특히 입사 1년 차인 신입 사원이나 갓 부서 이동을 한 사원의 경우 처음에는 방법을 설명해 줘야 하는데, 이 단계에서 "내가 하는 걸 보고 배우게.", "선배들을 보고 배우게"라고 지도하는 것은 좋은 방법이 아니다.
또한 직접 물어보러 오지 않는 신입 사원도 있을 것이다. 신입 사원 중 일부는 무엇을 물어봐야 할지 알지 못하는 상태이기 때문이다. 그런 오류를 제거하는 것도 리더의 책임이다.
자신의 방식을 가르쳐 주면서 강요해서도 안 되지만, 그렇다고 해서 '등을 보고 배우게 하는 것' 또한 책임을 포기하는 것이다. 적절하게 그 중간을 선택해야 한다.

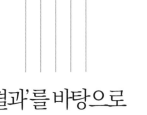

'결과'를 바탕으로
다음 목표를 분명히 한다

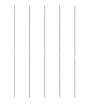

Leader's Mask

목표 설정을 올바르게 하면 기한이 찾아왔을 때 부하 사원이 결과를 보고하러 온다.

그러면 다음에 해야 할 일은 '달성하지 못한 것을 지적하는' 것이다. 이것은 130페이지의 보연상에 대한 평가와 같다. 목표를 완수했다면 '달성', 완수하지 못했다면 '미달성'이라고 전한다.

그리고 무엇을 달성하지 못했는지 확인시키는 것이 리더의 역할인데, 이때 '객관적 사실'을 근거로 삼아야 한다.

"노력이 부족했어. 좀 더 의욕을 보여주게."

이런 식으로 지적을 받는다면 부하 사원은 행동을 어떻게 바꿔야 하는지 알 수가 없다.

> "일주일 동안 20곳을 방문해서 예약을 3건 성사시켰군. 목표는 5건이었으니 미달이네. 다음에는 어떻게 할 건가?"
> "다음 주에는 40곳을 방문하도록 하겠습니다."
> "알겠네. 다음 주에는 40곳을 방문해서 계약을 5건 성사시키는 것을 목표로 하세."

이와 같이 부족함을 인식시키는 동시에 그 부족함을 메우기 위해 무엇을 개선할지 제안하게 해서 다음 목표를 설정한다.

미달이었을 경우는 목표의 바로 전 단계 과정을 추가하는 것이 포인트다. 여기에서는 방문 건수를 목표로 추가했다. 다만 이 이상의 과정에는 개입하지 않도록 한다.

그리고 다음 주가 되면 다시 보고하게 한 뒤, 결과를 평가한다.

목표를 언어화해서 모두에게 평등하게 부여한다

업무의 종류에 따라서는 수치화된 목표를 설정하기가 어려운 경우가 있다. 디자인이나 엔지니어 세계에서는 부하 사원에게 "상사가 오케이 하면 합격"이라고 목표를 설정하는 경우도 있을 것이다.

업무 특성상 리더가 그런 목표를 설정하는 것은 잘못이 아니다. 다만 '구체적으로 어떻게 해야 오케이인가?' 하는 정의는 최대한 명확하게 밝혀야 한다. 일단은 그렇게 작업을 시키고, 만족스럽지 못한 포인트를 지적해 나간다. 그러면 그것이 부하 사원에게 '매뉴얼'이 되어 간다. 이때 "느낌이 별로야."라며 퇴짜를 놓는 것은 물론 금물이다.

특히 나는 벤처 업계를 컨설팅할 때 결과가 모호해지는 경우를 자주 봤다. 벤처 기업 대표가 대기업에서 우수한 인재를 영입해 놓고는 '우수한 인재이니 알아서 잘해 주겠지.'라고 생각하며 방치해 버리는 것도 그런 사례 중 하나다. 이 경우에 대표가 원하는 '결과'를 설정하지 않고 "일단은 하고 싶은 대로 해 보게."라며 영입한 인재에게 일을 맡겨 버린다. 그러나 아무리 개인이 우수하더라도 목표를 설정하지 않으면 조직의 업무는 진행되지 않는다. 게다가 이전부터 회사에 있었던 다른 부하 사원의 눈에는 대표가 영입한 인재를 편애하는 것으로 보일 수밖에 없다. 이때도 리더의 가면을 쓰고 평등하게 목표를 부여해야 한다.

다음은 어느 시스템 개발부 부장의 이야기다. 그는 휘하에 과장을 세 명 두고 있었는데, 그 과장 밑에 있는 부하 사원들의 일하는 방식이 마음에 들지 않아서 과장을 건너뛰고 직접 부하 직원들에게 지시를 내렸다. 각 과의 회의에도 전부 참석해 참견할 정도였다. 그 결과, 과장 중에서 부장 후보로 두각을 나타내는 인물이 나오지 않는 사태가 발생했다.

이 부서처럼 일반 사원, 과장, 부장이라는 세 계층이 있을 경우 회의에 세 계층이 전부 참가하는 것은 리더가 금지하는 편이 좋다.

나는 그 부장에게 반드시 과장의 '보연상'만으로 결과를 평가하게 했다. 과장은 각 부하 사원의 결과를 관리하고, 각 과의 결과는 그 위에 있는 부장이 관리하도록 한 것이다. 그러자 부장은 부장만이 할 수 있는 업무에 힘을 쏟을 수 있었다. 또한 과장인 젊은 리더들도 목표를 언어화해서 부하 사원들에게 부여하고 달성하도록 압박할 책임을 느끼고 미래의 부장 후보로 성장했다.

이상이 결과를 내기 위한 각 리더의 올바른 방식이다.

원격 근무에 최적인 매니지먼트였다

이렇게 점과 점으로 매니지먼트하는 방법은 원격 근무에도 매우 효과적이다. 코로나 팬데믹을 통해 이 사실이 입증되면서 최근 들어 식학이 주목받고 널리 알려졌다.

원격 근무를 하면 일주일에 1회 열리는 온라인 미팅에서 목표만을 조정하고 다음 주에 결과를 보고하게 한다. 그러면 업무에 집중하기 쉬워진다. 또한 중간 과정에 참견하는 일도 물리적으로 줄어들 수밖에 없다. 그 과정에서 성과를 내는 사람이 높게 평가받으며, 그동안 열심히 일하고 있다는 것만 어필하던 사람은 결과를 내지 못하고 있음이 드러난다. 조직이 매우 건전한 체질이 되어 가는 것이다.

이것은 원격 근무의 장단점에 관련된 문제가 아니라 이전부터 조직에 있었던 나쁜 관습이 원격 근무를 통해서 드러난 것일 뿐이다. 이 책을 통해 더 많은 기업이 '점과 점'의 매니지먼트로 이행하게 되기를 바란다.

지금까지 결과를 올바르게 평가하려면 '거리를 두는' 것이 필요하다고 이야기해 왔다. 그런데 가장 거리가 가까운 평가는 바로 '자기 평가'다. 리더가 자신을 스스로 평가할 때는 거리를 둘 방법이 없다. 그래서 대부분은 자신을 높게 평가하는 경향이 있다. 자신에게 엄격할 수 있는 사람은 자신을 낮게 평가하지만, 대부분은 높게 평가하고 만다.

여기까지 읽은 사람이라면 그 이유를 알 수 있을 것이다. 자신이 하는 행위 자체가 '과정'이기 때문이다. 리더는 거리를 둠으로써 부하 사원의 과정을 보지 않을 수 있지만, 자신이 자신의 과정을 보지 않는 것은 물리적으로 불가능하다. 물론 객관적으로 자신을 평가할 수 있는 사람도 있기는 하겠지만, 일단은 없다고 생각하는 편이 합리적이다.

"자신을 올바르게 평가하자."라는 말은 이론상 성립하지 않는다.

'360도 다면평가'는 필요 없다

부하 사원이 상사를 평가하는 '360도 다면평가'라는 방식이 있다. 물론 나는 이 방식에 반대한다.

'평가'는 본래 '목표를 달성했는지 못했는지를 판단하는 행위'다. 목표를 결정할 권한이 없는 사람이 책임 있는 위치의 사람을 '평가'하는 것은 모순이다.

평가는 '책임'이 있는 사람만이 할 수 있는 것이다. 부하 사원의 평가는 전부 '무책임한 감상'에 불과하다.

'요즘 상사의 얼굴을 보면 꽤 피곤해 보여. 일을 많이 하고 있는 것 같아.'

결국 이렇게 표정만으로 평가할 수밖에 없을 것이다.

부하의 평가는 아무래도 '호불호'의 영향을 받는다.

360도 다면평가라는 발상이 나온 원인은 경영층이 자신의 매니지먼트에 대한 자신감이 없어서 중간 관리직을 신용하지 않는 데 있다. 이미 360도 다면평가가 도입된 회사의 리더는 안타깝지만 그 시스템 속에서 일할 수밖에 없다. 설령 360도 다면평가에서 자신이 좋지 않은 평가를 받더라도 팀의 결과를 내는 것에만 집중하기를 권한다.

이를 위해서는 흔들리지 않는 축, 즉 리더의 가면이 필요하다. 리더의 가면을 쓰고 부하 사원의 평가 때문에 살갑게 대하고 싶어지는 유혹과 끝까지 싸우는 리더가 되라.

제4장의 실천

'점과 점의 목표 설정'을
실천해 본다

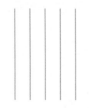

Leader's Mask

제4장에서는 이 책의 중요한 주제이기도 한 '점과 점의 목표 설정'을 설명했다. 요점을 되돌아보면서 올바른 매니지먼트의 정수를 복습하자.

어떤 결과를 남기면 높은 평가를 받을 수 있는가? 나는 앞에서 이 질문에 대한 답이 모호하면 부하 사원은 방황하게 된다고 이야기했다. 평가의 기준을 모르는 부하 사원이 상사의 마음에 들고자 '야근 어필'을 하거나 과정의 단계에서 '기대를 불러일으키는 보고'를 하게 되는 것이다.

이런 것들을 평가하지 않기 위해 다음의 세 가지 요소를 살펴 보기 바란다.

① 목표 설정 → ② 과정 → ③ 결과

리더는 이 순서로 부하 사원에게 업무를 맡기고 관리한다. 각 포인트의 주의점은 다음과 같다.

① **목표 설정**

→ 최대한 수치화한다.

○ "다음 달에는 계약을 10건 성사시키기 바라네."

이처럼 "할 수 있겠나?"라고 부탁하는 것이 아니라 단정적으로 전한다.

② **과정**

→ 최대한 참견하지 않는다.

× "계약을 따내려면 좀 더 적극적으로 영업을 하게."

무엇인가 머릿속에 떠오른 생각 또는 과거의 경험담을 이야 기하거나 설교를 늘어놓고 싶어지는 마음을 꾹 억누른다. 다만 신입 사원이나 다른 부서에서 갓 이동한 부하 사원에게는 과정을 자세히 지시한다.

③ 결과

→ 부하 사원에게 보연상을 시킨다.

○ "이번 달에는 계약을 10건 성사시켰습니다."

이처럼 변명 없이 사실만을 보고하게 하는 것이 이상적이다. 만약 변명이 있을 경우는 제3장의 내용을 다시 읽어 보기 바란다.

이상이 리더가 해야 할 '점과 점'의 관리다. 다음은 부하 사원이 목표를 '달성했을 경우'와 '달성하지 못했을 경우'로 나눠서 생각해 보자.

달성했을 경우

처음에 설정한 목표를 완수했다면, 다음과 같이 담담히 받아들인다.

"알겠네. 수고했어."

이때 "자네 대단하군.", "그것 보게. 하면 되지 않나."와 같은 과도한 칭찬을 하지 않는 것이 중요하다. 물론 10건이 목표인데 15건 이상의 계약을 성사시켰을 경우는 높게 평가해야 하지만, 그 정도가 아니라면 결과를 냉정하게 받아들여서 '당연함'의 기준이 흔들리지 않게 한다.

또한 목표를 완수했을 경우, 다음의 새로운 목표는 '조금 더 높게' 설정한다. 이때의 키워드는 '성장'으로, 제5장에서 좀 더 자세히 설명할 것이다.

달성하지 못했을 경우

이번에는 달성하지 못했을 경우를 생각해 보자. 이때 부하 사원을 어떻게 대하느냐가 리더의 역할로서 매우 중요하다.

"계약을 8건밖에 성사시키지 못했습니다."
"미달이군. 그래서 다음에는 어떻게 할 생각인가?"

이와 같이 사실을 확인하고 다음에 행동을 어떻게 변화시킬지 물어본다.

"이번 달의 전화 영업 건수는 100건으로, 그 100건 중에서 8건이 계약으로 이어졌습니다. 그래서 다음 달에는 전화 영업 건수를 130건으로 늘리려 합니다."

"알겠네. 다음 달에는 '전화 영업 130건'과 '계약 10건'을 목표로 삼게."

이처럼 목표의 바로 전 단계를 다음의 목표에 추가한다. 목표의 바로 전 단계를 설정할 수 있으면 목표를 달성하지 못한 요인도 분석이 되어 있다고 판단한다. 이렇게 과정 하나를 목표로 추가하고, 그 목표를 완수했을 경우 과정의 목표는 다시 없애면 된다.

그런데 이렇게 해도 목표를 달성하지 못했다면 어떻게 해야 할까?

그때는 기한을 짧게 설정하는 것이 효과적이다.

"다음 일주일 동안 '전화 영업 30건'과 '계약 3건'을 달성했는지 보고해 주게."

이처럼 기간을 줄인다. 그래도 목표를 달성하지 못하면 다음에는 '이틀에 1회 보고', '매일 보고'와 같이 기간을 계속 줄여 나간다.

　신입 사원에게는 반대로 '매일 보고'부터 시작해 서서히 기간을 늘려 나간다.

　앞에서는 '전화 영업 130건과 계약 10건'을 다음 달의 목표로 정했는데, 결과를 평가할 때는 역시 '계약 10건' 부분을 가장 중시해야 한다.

　만약 '130곳에 전화를 걸었지만 계약을 9건밖에 성사시키지 못했을' 경우는 '9건 계약'이라는 결과의 비중을 90퍼센트, '130곳에 전화를 걸었다.'라는 과정의 비중을 10퍼센트로 설정하고 평가해도 좋을 것이다. 이 비중을 어떻게 설정할지는 리더의 재량이지만, 중요한 것은 어디까지나 '결과'다. 이 축은 흔들리지 않도록 해야 한다.

　이상이 '점과 점'으로 관리하는 매니지먼트 방법이다.

　그런데 중간 관리자의 입장에서는 회사의 방침과 절충도 해야 한다. 이렇게 자신의 뜻대로 목표를 설정하기 어려운 직장도 있을지 모른다. 그러나 목표와 결과의 바람직한 모습만큼은 이해하기 바란다.

지금 배운 것들은 앞으로 당신이 높은 직급으로 승진하여 지금보다 더 큰 책임을 지는 위치에 올랐을 때, 혹은 다른 회사로 옮기거나 독립해서 창업을 하게 되었을 때 반드시 큰 도움이 될 것이다.

제5장

선두에서 나는 새가
무리를 이끌도록 하라

'성장'의 사고법

Leader's Mask

자기계발서를 읽든, 세미나에 참석하든
의욕이 높아지는 것만으로는
아무것도 달라지지 않는다.
이 책에서는 지금까지 감정 매니지먼트나
의욕 관리를 부정해 왔다.
그 이유는 부하 사원들이 확실히 행동을
바꾸도록 만들기 위함이다.

부하 사원들은 리더 밑에서
'건전한 경쟁'을 한다.
그러는 가운데 톱 플레이어가 탄생하며,
다른 멤버들도 자극을 받아 분발하게 된다.
그렇게 해서 팀 전체가
한 단계 위로 올라갈 수 있다.
이 장에서는 그런 '성장'의
법칙에 관해 설명하겠다.

'부족함을 메우는' 것이
성장을 만들어 낸다

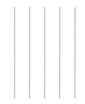

Leader's Mask

우선 지금까지의 내용을 복습하면서 사람이 어떻게 성장하는 지를 추적해 나가자.

리더는 먼저 규칙과 목표를 설정한 뒤, 부하 사원에게 업무를 맡긴다. 부하 사원은 온 힘을 다해서 그 업무를 처리하고, 기한이 되면 '결과'를 리더에게 보고한다. 그리고 리더는 결과에 대해 '평가'를 한다.

부하 사원은 '결과'와 '평가'의 괴리를 인식하고, 이를 극복하기 위해 '바꿔야 할 행동'과 다음 목표를 설정한다.

그리고 '결과'와 '평가'의 괴리를 메워 나가며 '성장'한다.

이때 '결과'와 '평가'의 차이를 올바르게 인식하지 못하는 사람은 성장하지 못한다. 그렇기 때문에 자기 평가가 아니라 타인 평가가 필요하며, 평소에 리더가 부하 사원 모두를 공정하게 대하는 것이 중요하다.

앞에서도 여러 번 말했지만, 누구라도 사회생활을 하면 자신이 아닌 타인에게 평가를 받는 상황에서 벗어날 수 없다.

또한 사람은 '변명'을 할 수 있는 상황이라면 부족한 차이를 받아들이지 않고 변명을 통해서 도피하려고 한다. 따라서 평소에 리더가 부하 사원이 변명을 할 수 있는 상황을 줄이는 커뮤니케이션을 할 필요가 있다.

이런 상황에서 리더는 '감정'이 발동해 부하 사원들에게 '좋은 사람'으로 인식되고 싶다는 갈등을 겪게 되는데, 그 갈등과 싸우기 위한 도구가 '리더의 가면'이다.

'한 사람의 성장'이 어떻게 영향을 미치는가?

리더의 가면을 이용한 매니지먼트를 실천하면 팀의 내부에서 '건전한 경쟁'이 벌어지며, 건전한 경쟁은 저절로 성장할 수밖에 없는 상황을 만들어 낸다. 주위 사람들은 성장해 나가는데 나 혼자 뒤처져서는 안 된다는 '좋은 긴장감'이 형성되어 결과적으로 성장의 연결이 일어나는 것이다.

이 장의 주제는 '그 후에 어떻게 되느냐' 하는 문제다.

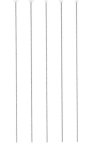

팀이 성장할 때
반드시 일어나는 일

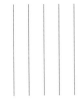

Leader's Mask

팀의 내부에서 건전한 경쟁이 일어나기 시작했다면, 이제 리더가 그 상황을 관리해야 한다.

가령 부하 사원이 여섯 명 있는데 그중 네 명은 목표를 달성했고 두 명은 달성하지 못했다고 가정하자. 이때 목표를 달성하지 못한 두 명에게 "자네, 성장하지 못하고 있어. 좀 더 힘을 내게."라고 의욕을 북돋거나 자신의 과거 경험담을 섞어 가면서 설교를 하면 안 된다. 지금까지 수없이 이야기했듯이 가면을 쓰고 담담하게 다음 행동을 궁리하도록 만드는 수밖에 없다. 그리고 자신이 안 좋은 상황에 놓여 있음을 올바르게 인식시켜야 한다.

만약 경쟁이 싫어서 성장을 포기한 사람이 있다면 회사를 그만둘지도 모르는데, 리더가 그것을 막으려고 노력할 필요는 없다.

리더가 '선두'에서 달려서는 안 된다

플레이어의 기분이 여전히 남아 있는 리더는 부하 사원에게 '대체 왜 이걸 못하는 거지?'라는 부정적인 감정을 가질 수도 있다.

그러나 리더는 항상 '일정하게' 부하 사원을 바라볼 필요가 있다. 어디까지나 '일정한 환경' 속에서 경쟁이 일어나도록 상황을 유지해야 한다. 리더가 감정적으로 행동해 버리면 건전한 경쟁이 일어나지 않는다.

당신은 '철새의 무리'를 본 적이 있는가? 가장 빠르게 나는 새가 선두에서 날고, 다른 새들은 그 새를 따라간다. 그런데 여기에서 중요한 점은 '리더는 선두에서 나는 새가 아니다.'라는 사실이다. 리더는 더 위에서 전체를 둘러보며 지휘하는 위치에 있다. 선두에서 나는 새는 부하 중에서 톱 플레이어다. 그리고 선두에서 나는 새의 속도가 빨라지면 무리 전체의 속도도 빨라진다.

경쟁 속에서 빠르게 성장하는 부하 사원이 한 명 나오면 팀 전체가 자극을 받아서 그 사원을 쫓아간다. 이것이 이상적인 이미지다. 성장하는 조직은 선두에 있는 멤버와 다른 멤버들의 격차가 점점 줄어들면서 전체가 성장해 간다. 하지만 성장하지 못하는 조직에서는 리더가 직접 선두에 서서 톱 플레이어로서 팀을 이끌려고 한다. 플레잉 매니저일 경우는 리더 자신도 날아야 하기 때문이다.

그러나 리더가 선두에 서서는 안 된다. 리더는 어디까지나 매니저의 업무를 우선해야 한다.

'스킬의 차이'는 순식간에 좁혀진다

직설적으로 말하면, 대부분의 업무에는 고도의 스킬이 필요하지 않다. 물론 전문적이고 장인의 기술이 필요한 직종에서는 스킬이 필요할지도 모르지만, 화이트칼라를 중심으로 한 회사원의 경우는 업무 스킬도 커뮤니케이션 스킬도 일정 수준만 되면 그 이상은 필요가 없다.

애당초 인간의 능력에 '그렇게까지 큰 차이는 없다.'라고 생각하는 편이 타당하다.

그럼에도 신입 사원의 경우는 결과에서 큰 차이가 생기는데, 이것은 '지금까지의 경험과 지금 하고 있는 업무가 얼마나 관련성이 있는가?'의 차이 때문이다. 아르바이트 경험이 풍부하고 말솜씨가 좋다든가, 공부를 열심히 하며 묵묵히 작업하는 것이 특기라든가 하는 차이가 결과의 차이로 이어진다.

그러나 이런 능력 차이는 금방 메워진다. 경험을 쌓아 나가면 점점 인간의 한계치에 가까워져 간다. 멤버들의 차이가 없어져 가는 것이다. 그렇게 되면 절차탁마가 일어나 정상의 자리가 수시로 바뀌고, 그 결과 전체 수준이 향상된다. 멤버들의 차이가 점점 줄어들면서 전체적으로 성장한다. 이것이 올바른 성장 상태라고 할 수 있다.

내가 운영하는 주식회사 식학에서 콜센터 직원 수백 명의 영업 성적을 숫자로 분석한 적이 있다. 이때도 같은 결과가 나왔다. 콜센터에서 필요한 스킬은 그다지 어려운 것이 아니다. 처음에는 이전에 전화 영업을 경험했던 사람이 유리한 위치를 차지했으며, 최정상과 최하위의 차이가 크게 벌어져 있었다. 그러나 말하는 것이 서툴던 사람도 콜센터 업무를 경험하는 사이에 스킬을 익혀 나간다. 말솜씨가 부족한 사람도 일단 요령을 파악하면 놀라운 기세로 성장한다. 그리고 조직이 이런 상태가 되면 전체의 성장 속도가 현격히 빨라지는 순간이 찾아온다.

그렇게 되도록 전체의 수준을 끌어올리는 것이 리더의 임무다.

조직은 '성장할 장소'를 제공할 뿐이다

조직은 구성원이 성장할 장소를 제공하고 리더는 부하 사원이 '성장할 것을 믿고 기다려야' 한다.

우리 회사의 경우, 실적이 증가하는 성장기에 있기 때문에 많은 사람이 입사 지원을 한다. 아마도 성장할 수 있는 환경이라고 생각하기 때문일 것이다. 그리고 우리는 경력 사원으로 채용하려는 사람에게 '이전 직장에서 받던 급여보다 20퍼센트 낮은 액수'를 급여로 제시한다.

여기에는 이유가 있다. 물론 '급여를 목적으로 오지는 않았으면 좋겠다.'라는 이유도 있기는 하다.

그러나 더 중요한 이유는 '더욱 성장하기를 바라는' 마음이 강하기 때문이다. 그래서 입사 후에 '어떻게 하면 급여가 오르는가?'라는 조건을 제시한다. 결과를 내면 1년 후에는 급여를 이전 직장에서 받던 수준으로 받을 수 있고, 1년 반 후에는 더 많은 급여를 받을 수도 있다. 양쪽 모두에게 공정한 방식인 동시에 우리가 멤버의 성장을 믿고 있다는 표현이다. '능력이 있는 사람을 높은 급여로 채용하는 것이 아니라 장소를 제공하고 성장시킨다.' 이것이 우리 회사가 제시하는 가장 큰 이점이다.

'우수한 사람만'을 모아 놓는다고 해서 성공하는 것은 아니다

앞에서 "인간의 능력에는 거의 차이가 없다."라고 말했는데, 이 말을 증명하는 사례가 있다.

한 벤처 기업은 다른 회사에서 특출하게 우수한 사람들을 잔뜩 영입하고 여러 신규 사업에 뛰어들었다. 각 회사에서 우수한 실적을 내고 있었던 사람들을 모아서 새로운 사업을 시작한 까닭에 크게 성공할 것처럼 보였다. 그런데 결과는 달랐다. 모든 사업이 실패로 끝난 것이다. 그들이 생각했던 '우수함'에는 '조직 적응 능력' 개념이 빠져 있었기 때문이다.

식학에서는 '우수함'을 생각할 때 조직 적응 능력까지 포함시켜서 파악한다. 개인의 능력과 조직 적응 능력의 중요성은 50 대 50의 관계다. 아무리 개인의 능력이 높아도 조직에서 적응하는 능력이 낮으면 어떤 회사에 들어가든 절반의 힘밖에 발휘하지 못한다. 게다가 능력이 있는 사람일수록 '내가 왜 적응해야 하지?'라고 생각하는 경우가 많다. 그렇기 때문에 제1장에서 이야기한 '자세의 규칙'이 필요하다.

감독이 없는 스포츠팀이 우승할 수가 없듯이, 조직이 경쟁을 헤쳐 나가려면 반드시 리더가 필요하다.

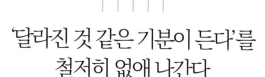

'달라진 것 같은 기분이 든다'를
철저히 없애 나간다

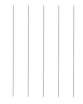

Leader's Mask

개인의 능력은 30대를 정점으로 하락하기 시작한다. 예를 들어 당신이 영업 부서에서 계속 최고의 실적을 기록해 리더가 되었다고 가정하자. 이후에도 플레잉 매니저로서 계속 최고의 실적을 내는 데는 한계가 있다. 개인의 능력이 정점을 맞이했다면 서서히 현장에서 멀어지면서 매니지먼트에 비중을 둬야 한다.

그리고 이때 중요한 점이 제4장에서 이야기한 '과정에 참견하지 않는다.'라는 것이다. 우수한 플레이어였던 리더에게는 쉽

지 않은 일이지만, 이 사실을 기억하기 바란다. '사람은 경험을 통해서만 변화한다.'

많은 사람이 이런 착각을 한다.

'지식을 많이 쌓으면 달라질 거야.'
'공부하면 달라질 거야.'
'훌륭한 사람의 이야기를 들으면 달라질 거야.'

당신도 이 책을 읽고 나면 무언가 달라질 것이라고 생각할지 모른다. 그러나 착각에 불과하다. 지식의 양을 늘리는 것만으로는 본질적인 '변화'로 이어지지 않는다. 이 점을 올바르게 인식하지 않으면 책을 읽거나 훌륭한 사람의 이야기를 들은 것만으로 '자신이 달라진 것 같은 기분이 들게' 되니 주의해야 한다.

쓸데없이 지식의 양만 늘어나면 오히려 행동에 제동을 걸게 된다. 지식은 경험이 동반될 때 비로소 '본질'에 다다른다. 즉, 신체성을 동반하지 않으면 의미가 없는 것이다.

"창업하려고 창업에 관한 세미나에 참가하기 시작했는데, 문득 정신을 차려 보니 5년 동안 창업은 하지 않은 채 세미나만 열심히 찾아다니고 있었습니다."라고 말하는 사람이 실제로 있었다. 변화는 지식에서 만들어지는 것이 아님을 명심하라.

'이해한 것 같은 기분이 들게 만드는' 리더가 되어서는 안 된다

우수한 플레이어였던 리더는 자신의 경험을 살려서 부하 사원이 실패를 겪지 않도록 지도하는 경향이 있다. 그러나 이야기를 듣고 이해하는 것과 실제로 해 보는 것은 큰 차이가 있다. 그래서 나는 리더에게 '한 번은 해 보게 한다.'라는 방침을 철저히 지킬 것을 권한다.

54페이지의 질문에서 리더가 부하 사원과 경쟁해서는 안 된다는 이야기를 했다.

> "작년까지 잘 통했던 방법인데, 그 경험이 벌써 통용되지 않게 되었단 말인가?"

현장에서 멀어지면 이런 일도 순식간에 일어날 수 있다.

최근에 "시작하기에 앞서서 부하가 제대로 이해할 때까지 이야기해 줍니다.", "제대로 이해시키지 않으면 부하가 힘을 발휘하지 못합니다."라는 말을 들은 적이 있다. 그러나 이것은 잘못된 생각이다. 아직 경험하지 않은 것은 아무리 말로 설명한들 부하 사원에게 제대로 전해질 수가 없다.

> "이 일은 잘 해낼 수 있을 것 같지 않습니다."

"그런가? 그렇다면 어떡해야 해낼 수 있겠나?"

이런 대화에 시간을 허비할 필요는 없다. 빠르게 목표를 부여하고 '한 번은 해 보게 한다'. 이것이 부하 사원을 성장시킬 수 있는 가장 좋은 방법이다. 부하 사원을 설득할 필요도, 이해시킬 필요도, 동의를 구할 필요도 없다.

그런 커뮤니케이션 방법을 이 장의 실천에서 배우기 바란다.

'눈에 보이지 않게 변화하는 부하'가 성공의 증거

조직을 살펴봐도 '달라진 것 같은 기분이 들 뿐'이라는 잘못을 저지르는 경우가 있다. '변화'를 올바르게 이해하지 못한 회사의 특징은 '인사이동이나 조직 재편이 많다.'는 점이다. 왜 그럴까? 인사이동이나 조직 재편은 눈에 보이는 모습을 바꾸는 '변화'이기 때문이다. 바꾼 순간에는 딱 봐도 무엇인가가 좋아진 것처럼 보인다. 그러나 이것은 말 그대로 '좋아진 것처럼 보일' 뿐이다. 실제로 달라진 것은 하나도 없다.

지금까지 이야기한 부하 사원이나 팀의 '성장'은 눈에 보이는 변화가 아니다. 물론 몰라볼 만큼 자신감이 붙거나 태도 혹은 말투가 달라졌을지도 모른다. 그것을 깨달을 수 있는 사람은 리더나 팀원 등 근처의 직장 동료뿐이지만, '눈에 보이지 않는 성장'을 느꼈다면 그것은 곧 리더가 자신의 임무에 성공했음을 의미한다.

다만 주의할 점이 있다. 양복을 말끔하게 빼입어서 변화한 것처럼 보이는 부하 사원과 결과를 내서 자신감이 넘쳐흐르는 부하 사원. 이 둘은 질적으로 완전히 다른 변화라는 것이다. 이 책을 읽고 있는 리더는 부디 후자의 변화를 느낄 때까지 노력하기 바란다.

'해낼 것 같은 기분'에 관한 수학적 이론

인사이동이나 조직 재편이라는 '알기 쉬운 변화'를 일으키면 회사가 저절로 성장할 것 같은 착각에 빠지는 경우가 많다. 조직 재편을 하는 노력에 대해 큰 기대감을 품기 때문이다. 조직의 배치를 바꿨을 뿐인데 굉장히 좋은 일이 일어날지도 모른다는 기대감이 생겨나는 것이다.

회사가 웹사이트의 리뉴얼을 반복하는 것도 같은 이유에서다. 눈에 보이는 변화가 있으면 '수익이 늘어날 거야.'라고 착각하는 것이다. 그러나 실제로는 리뉴얼 이후에 작은 노력을 쌓아나가는 것이 더 중요하다.

이것은 수학의 '멱법칙(어떤 수가 다른 수의 거듭제곱으로 표현되는 두

수의 함수관계-역자주)' 그래프에 대입해서 생각할 수 있다. '노력'과 '기대치'의 관계를 그래프로 그리면 멱법칙을 따르는 그래프가 된다. 처음에는 작은 노력밖에 안 했음에도 굉장히 큰 기대를 한다. 그러나 노력의 양을 계속 늘려 나가면 점점 노력에 대한 기대치가 작아진다.

마라톤 기록은 '멱법칙'이 적용되는 좋은 예다. 처음 달리기를 시작해서 달리기에 익숙해질 때까지는 빠르게 기록이 단축된다. 그러나 매일 달리기를 계속하면 기록을 1분 단축하기가 점점 힘들어진다.

그런데 인간은 이 1분을 단축하기 위해 노력하는 것을 무의식적으로 싫어한다. 그래서 들이는 '노력'에 비해 '기대치'가 큰 상태, 즉 '해낼 것 같은 기분'이 들 때 가장 기분이 좋아진다. 세미나에 참가하거나 영어 회화 학원 또는 피트니스 센터에 등록하면 기분이 좋아지는 것도 이런 이유 때문이다.

적은 노력으로 좋은 기분이 되니 가성비가 좋아 보이지만, 그 실상은 전혀 다르다. '달라질 것 같아!'라는 일순간의 쾌감을 얻을 뿐이다. 실제로는 그 뒤에 경험을 쌓아 나가는 것이 중요하다. 그러므로 리더는 과정에 참견하지 말고 부하 사원에게 '목표를 부여한 다음 실제로 해 보게 할' 필요가 있다.

지금까지 '성장'에 관해 대국적인 시점에서 설명했다. 리더의 가면을 쓰는 가장 큰 목적인 동시에 최종 목표인 '부하 사원의 성장'에 관한 이야기였다. 제1장부터 제4장까지의 내용은 말하자면 '부하 사원의 성장을 위한 것'이라고 해도 과언이 아니다.

플레이어였던 시절의 자신을 부하 사원들이 훌쩍 뛰어넘는 순간.
부디 그 순간을 경험해 보기 바란다.

제5장의 실천

'어쨌든 한 번은 행동해 보게 한다'를
실천해 본다

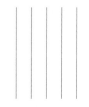

Leader's Mask

제4장의 실천에서 "목표를 완수한 사람에게는 조금 더 높은 목표를 설정케 한다."라는 이야기를 했다. 이것은 끊임없이 '부족함'을 인식시킴으로써 부하 사원을 성장시키기 위함이다. 그러나 이렇게 높은 목표를 설정하면 부하 사원이 다음과 같이 반발할 수도 있을 것이다.

"왜 제가 그 일을 해야 하는 겁니까?"
"그 일을 제가 제대로 할 수 있을지 이해시켜 주셨으면 합니다만……."

이와 같은 부하 사원의 요구에 대응하는 것이 리더의 가면 마지막 실천이다.

우선 생각해 볼 수 있는 패턴은 '아직 해 본 적이 없는 업무에 대해 그 업무를 하는 의미를 알려 달라는 요구를 받는' 것이다. 즉, 부하 사원이 그 업무의 높은 난도를 두려워하는 상태다.

앞에서도 이야기했듯이, 리더의 역할 중 하나는 부하 사원이 눈앞의 '공포'가 아니라 미래에 성장하지 못한다는 '공포'에 시선을 향하도록 만드는 것이다. 이럴 때는 부하 사원이 지시의 '본질'을 이해하고 있는지 생각해야 하는데, 본질에 다다르려면 '지식'과 '경험'이 동반되어야 한다. 그러므로,

"일단 한 번 해 보게. 해 보면 보이는 것이 반드시 있을 걸세."

이렇게 말하라.

일단 해 보게 하면 부하 사원은 '아하, 그런 것이었구나.'라고 지시의 본질을 이해하게 될 것이다. 이렇게 될 것을 믿고 리더의 가면을 쓰기 바란다.

그래도 부하 사원이 수긍하지 못할 때는 리더의 '책임'에 관해 언급하는 방법도 좋다.

"설령 실패하더라도 그건 상사인 내 책임이니까 걱정하지 말고 있는 힘껏 도전해 보게."

이 정도로 강하게 밀어붙여도 괜찮다. 그리고 일단 말을 꺼냈다면 말과 행동이 다르지 않도록 주의해야 한다.

만약 실패했다면 이번에는 리더가 자신의 상사에게 평가를 받을 차례다. 이때 무능한 리더는 실패의 책임을 부하 사원에게 돌린다.

× "제가 지시한 것은 맞지만, 부하도 제 지시에 동의했습니다. 그러니 두 사람의 책임입니다."

이런 말을 하는 리더는 리더로서 실격이다. 순식간에 신뢰를 잃어버릴 것이다.

부하 사원에게 도전을 지시할 때는 그와 동시에 자신이 책임을 떠맡아야 한다. 그 정도의 각오는 되어 있어야 비로소 부하 사원도 움직인다. 부하 사원이 내키지 않는다는 표정을 짓더라도 그 자리에서는 리더의 가면을 쓰고 리더로서 역할을 다하기 바란다.

언젠가는 리더의 말과 행동을 이해하게 될 것이다.

이상이 마지막 '실천'이다.

부하 사원이 높다고 생각했던 목표를 달성했을 때, 자신은 할 수 없다고 생각했던 일을 해냈을 때. 그때는 당신도 '리더의 가면'을 벗고 진심으로 기뻐하라.

드디어 마지막 장만이 남았다. 다음 장에서 이런 책임을 떠맡아 자신의 역할을 완수한 '리더의 맨얼굴'에 관해 이야기하고 이 책을 마무리하려 한다.

리더의 맨얼굴

Leader's Mask

지금까지 '리더의 가면'을 쓰고
부하 사원의 성장을 위해 노력해 온 당신에게
먼저 고생했다는 말을 전하고 싶다.
이 책을 읽으며 자신이 반드시 옳다고 생각했던
방식을 바꾸는 과정에서
커다란 심리적 갈등을 겪었을지도 모른다.

그러나 부하 사원과 거리를 두고
결과를 추구하면
언젠가 부하 사원이 플레이어로서
당신의 능력을 능가하는 순간이 찾아올 것이다.
그때는 크게 기뻐하고 칭찬하라.
마지막으로, 경영자로서 나의 본심을 이야기하며
이 책을 끝맺으려 한다.

'인간'을 추구한
매니지먼트

Leader's Mask

지금까지 식학의 발상에 입각해 리더 1년 차 혹은 중간 관리 직을 대상으로 한 매니지먼트 방법을 설명했다.

식학의 발상에 대해 잘 알지도 못하는 사람들이 표면적인 내용만을 언급하며 "비인간적이다.", "마치 군대 같다."라고 말하는 경우가 있다. "사람을 사람으로 생각하지 않는다."라고 비판하기도 한다.

그러나 사실은 정반대다.

분명히 식학에서는 사람을 사람으로 생각하지 않는다. 그 이유는 '사람을 사람으로 생각하면서 조직을 운영하면 그 사람에게 도움이 되지 않는다.'라는 사실을 알고 있기 때문이다. 식학 매니지먼트는 사람으로 다루기를 그만두는 편이 오히려 그 사람을 더욱 성장시킬 수 있다는 역설적인 사실에 근거하고 있다.

이 책에서 거듭 이야기했듯이, 직장에서 일하는 목적은 '사람들과 친하게 지내는 것'이 아니다. '돈을 벌어서 먹고살 수 있게 되는 것'이 목적이다. 그리고 이 목적을 달성하기 위해서는 성장해야 한다. 성장하지 못해서 먹고살 길을 잃어버리는 것이야말로 최악의 상황이며, '비인간적인 일'이다.

지금 당장 사장이 없어지거나 회사가 사라졌을 때, 어떤 조직에 있었던 사람이 살아남을 확률이 가장 높을까? 어떤 리더 밑에 있었던 사람이 다음 직장의 환경에 적응할 수 있을까?

이런 질문에 답을 주는 일이 본래 리더가 부하 사원에게 해야 할 일이다.

자녀를 키울 때는 부모가 없더라도 자녀가 잘 살아갈 수 있도록 키우는 것이 중요하다. 부모가 자녀 곁에서 끝까지 함께 할 수는 없기 때문이다. 자녀는 사랑하는 만큼 더욱 엄하게 키워야 하는 법이다.

단 한 명의 부하 사원도 포기해서는 안 된다

시대가 변하면서 비즈니스는 해가 다르게 가혹해지고 있다. 그런 상황 속에서 회사가 성공할 수 있느냐 없느냐는 '마지막 1퍼센트'에 달려 있다. 1퍼센트라는 요소는 '충분히 곰곰이 생각했는가?', '조금 더 힘을 낼 수 있었는가?' 하는 문제다. 그 차이가 최후의 승패를 가른다.

회사의 구성원 개개인이 '결과에 대한 책임'을 얼마나 인식하고 있는가? 이 차이가 굉장히 중요해졌다. 경영자만이, 상사만이 그 '1퍼센트'를 짜내려 해서는 한계가 있다. 조직에 있는 개개인 모두가 1퍼센트를 만들어 내고자 궁리해야 한다.

리더가 '목표'를 설정하고, 부하 사원이 그 목표에 따라 움직여야 한다고 말하면 '부하 사원을 수족처럼 부려야 하는구나.'라고 생각하는 사람이 많은데, 오히려 그 반대다. 리더가 목표는 설정하지만, 과정에는 간섭하지 않는다. 그 결과 부하 사원들은 결과를 내기 위해 필사적으로 두뇌를 사용한다. 이것이 승패를 가르는 '마지막 1퍼센트'의 비결이다.

회사의 구성원 모두가 진정으로 자신의 두뇌를 사용해야 하는 환경. 이것이 궁극의 이상형이며, 나는 이 환경을 실현할 방법만을 궁리하고 있다.

리더는 '이 친구는 도움이 안 되니 포기하자.'라며 외면하지 말고 팀 전원의 성장을 지향해야 한다.

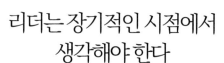

리더는 장기적인 시점에서
생각해야 한다

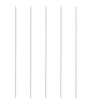

Leader's Mask

이 책의 앞부분에서도 이야기했듯이, 나도 과거에는 감정을 전면에 드러내고 부하 사원들이 내 등을 보고 배우게 하는 유형의 상사였다. 자신이 솔선해서 현장에 뛰어들어 부하 사원들보다 좋은 결과를 보여 주면 부하 사원들은 알아서 따라올 것이라고 생각하는 유형의 리더였던 셈이다.

한마디로 '시스템'이 아니라 '감정'으로 부하 사원들을 이끌었던 것이다.

그러나 되돌아보면 나의 조직 운영은 성공적이지 못했다. 플레이어로서 내 개인의 능력은 향상되었지만 부하 사원들을 키우는 데는 실패했다.

등을 보고 배우게 하는 리더 밑에서는 부하 사원이 성장하지 못한다. 상사가 없으면 안건이 진행되지 않는다. 부하 사원들은 정해진 루틴대로만 일할 뿐 머리를 쓰지 않는 상태가 된다. 머리를 쓰는 역할을 상사가 맡아 버리기 때문이다. 부하 사원이 자신의 머리로 궁리해야 할 '과정'을 상사가 참견한 셈이다.

고용했다면 '사원의 인생'에 책임을 진다

경영자는 '사원의 인생'에 대한 책임이 있다. 경영자는 회사를 성장시킴으로써 회사의 '사회성'을 높이고 회사의 '이익'을 늘리며, 이익을 사원에게 분배함으로써 그 책임을 다한다. 그런데 이것은 '당면한 책무'일 뿐이며, 사실은 또 하나의 중요한 책임이 있다.

바로 '돈 버는 힘을 키워 준다.'라는 책임이다.

경영자가 앞으로도 계속 사원과 함께 있을 것이라는 보장은 없다. 항상 곁에서 하나부터 열까지 도와줄 수도 없는 노릇이며, 자신이 먼저 회사를 그만둘지도 모른다. 물론 사원이 먼저 회사를 그만둘 수도 있다. 경영자로서 영원히 사원들 곁에 있을 수는 없다는 말이다.

그럼에도 어미 새가 새끼 새에게 먹이를 가져다주듯이 행동하면 어미 새가 떠나는 순간 새끼 새는 살아갈 수가 없다. 반드시 '독립'을 시켜야 하는 순간이 온다.

그러므로 사원에게 '살아남기 위한 힘'을 키워 주는 것이 중요하다.

장기적인 시점에서 생각하지 않는 '유감스러운 경영자'

제2장에서는 '위치'에 관해 이야기했는데, 지위가 높아질수록 더욱 장기적인 시점에서 생각해야 한다. 그런데 일본의 대기업에서는 높은 지위에 있는 사람들이 먼저 도망치려고 하는 경향이 있다.

고용된 사장이라면 '50대 후반에 2~3년만 사장으로 일하고 끝'임을 알고 있는데 이것이 문제가 되는 경우도 많다. 특히 대기업을 둘러보면 그런 상황이 자주 보인다.

창업자라면 '우리가 만들어 내는 가치를 영원히 남기고 싶다.'라고 생각하겠지만, 조직이 커질수록 창업자의 의지는 점점 사라진다.

이 책을 읽고 있는 리더는 부디 계속 미래에 시점을 두고 생각했으면 좋겠다. 반년 후나 1년 후에 자신이 속한 부서가 성과를 올리기 위해서는, 자신이나 부하 사원이 성장하기 위해서는 무엇이 옳은가? 설령 당신이 일하는 회사의 경영진이 2~3년밖에 내다보지 않는다고 해서 그것을 변명거리로 삼을 필요는 없다. 주어진 위치에서 나는 어떤 성과를 올릴 수 있을까? 이것만을 계속 생각하기 바란다.

회사는 '먹고살기 위한 기반'이 되는 공동체다

사람은 다양한 집단에 소속되어 있다. 회사, 가족, 친구, 취미 모임, SNS 등……. 우리는 살아가면서 온갖 공동체에 소속하게 된다. 하지만 그중에서 '살아갈 양식을 얻기 위한' 공동체는 '회사'가 유일하다. 그리고 가족이나 친구, 그 밖에 많은 공동체는 '살아갈 양식을 얻는 공동체'가 있기에 성립한다.

한마디로 회사가 모든 것의 토대라는 말이다.

가족이나 친구의 공동체에 충실하고 싶다면 '살아갈 양식을 얻기 위한' 공동체에 충실해야 한다. 충분한 돈과 식량이 없다면 놀러 갈 수도 없다.

이것이 사회의 시스템이다.

경영자는 사원이 소속된 모든 커뮤니티에 충실하기 위해서라도 살아갈 양식을 얻는 '회사'라는 공동체를 정비해야 한다. 리더도 그런 생각을 마음에 두고 부하 사원의 '살아갈 양식을 얻는 능력'을 높이고, 적절한 환경을 준비한다. 이것이 경영자가, 리더가 해야 할 일이다.

'하체가 튼튼한 사원'으로 만든다

"저는 가정을 우선하고 싶습니다."

"저는 친구와의 시간이 더 소중합니다."

이런 말을 하는 사람도 있다. 그런 생각 자체는 문제가 없다. 인생에서 어떤 공동체를 우선할지는 당연히 그 사람의 자유다. 다만 회사라는 공동체에서 살아갈 양식을 얻지 못하면 다른 공동체에 계속 충실하기 어렵다. 이것이 현실이다.

게다가 지금은 경기가 후퇴하는 국면이다. 이럴 때일수록 이 사실을 사원들에게도 제대로 이해시켜서 진정으로 '하체가 튼튼한' 사원이 되게 할 필요가 있다.

분명히 최근 10년 정도는 긴장감이 없어도 큰 문제가 없었다. "의욕이 나지 않아.", "동기 부여가 필요해." 같은 말을 해도 회사는 해고하지 않았으며 어떻게든 해 줬다. 응석을 부려도 괜찮았다. 그러나 코로나 팬데믹으로 다양한 문제가 표면화되면서 이제는 그런 소리를 하고 있을 상황이 아니다.

사느냐 죽느냐의 갈림길에 선 지금, "의욕이 나지 않아서⋯⋯."
같은 말을 하고 있을 여유가 없다.

'급여'란 무엇인가를 생각할 때

지금 받고 있는 '급여'란 무엇인가를 다시 한 번 생각해 보자.

급여란 '유익성(有益性)'에 대한 대가다. 결과를 낸, 이익을 가
져온, 가치를 만들어 낸 '유익성'에 대해 지급되는 것이 급여다.

이 시스템은 과거부터 지금까지 변한 적이 없으며, 앞으로도
변하지 않을 것이다.

경기가 좋은 국면에서는 이 시스템이 느슨했다. 본래는 '유익
성'에 대해 지급되어야 할 '급여'가 유익성을 그다지 낳지 않는
사람에게도 지급되었다. 만들어 낸 유익성 이상으로 급여를 받
았던 사람은 어떤 면에서 '빚'을 진 사람이다. 회사에 빚을 지고
있는 것이다. 다시 말해 경영자가 그렇게 사원들의 응석을 받아
주며 '빚'을 지우고 있었다.

요즘처럼 환경이 가혹해졌을 때 이전과 같은 급여로 일할 수
없게 된 사람들은 명백히 '유익성 이상의 대가'를 획득했던 사
람들일 것이다. 그들은 보이지 않게 회사에 빚을 지고 있었던
사람들이다.

만약 경기가 계속 좋았다면 빚을 진 채로 도망치는 사람도 있었을지 모른다. 그러나 다가오는 시대에는 누가 빚을 져 왔는지가 여실히 드러날 것이다.

물론 평소에 '빚'을 지지 않고 오히려 '저금'을 하면서 일했던 사람들도 있다. '조직의 이익'에 지속적으로 공헌한 사람들이다. 그들은 이런 위기 상황에서도 허둥대지 않는다. 아니, 오히려 필요한 인재로 대우받을 것이 분명하다.

경영자가 사원에게 '빚'을 지우고 있는가, 아니면 '저금'을 시키고 있는가. 이것에 따라 사원의 인생이 완전히 달라진다.

'경영자의 스트레스'와 '사원의 좋은 스트레스'

경영자는 사회로부터 스트레스를 받고 있다. 스트레스를 받기 때문에 살아남으려고 한다. 그 '좋은 스트레스'를 사원들에게도 줘야 한다. 경영자가 사원 개개인을 '배려'해서 스트레스를 전부 흡수해 버리면 사원들이 살아갈 힘을 잃어버리기 때문이다.

과거에 나는 사원들에게 가급적 스트레스를 주지 않도록 경영자인 내가 스트레스를 전부 흡수하는 편이 낫다고 생각했다. 그러나 좋은 스트레스를 빼앗는 행위는 사원을 소중히 여기는 것이 아니라는 사실을 깨달았다.

사원을 생각하는 마음은 전혀 달라지지 않았다. 내 회사에 들어온 사원은 여전히 소중하며, 사원을 사랑하는 마음에는 전혀 변함이 없다. 다만 소중히 여기는 올바른 방법, 올바르게 사랑하는 방법을 깨달았을 뿐이다. 그것이 바로 '좋은 스트레스를 사원들에게 준다.'라는 방법이다.

'사원 만족도'를 신경 쓰는 경영자도 있고, '사원들이 즐겁게 일하도록' 힘을 쏟는 경영자도 있다. 그러나 이런 것들은 초점이 사원의 '지금 이 순간'의 이익에만 맞춰져 있다. 지금 이 순간만이 아니라 지금을 포함한 미래에 확실히 이익을 줘야 한다.

본질적인 이익, 그것도 지금뿐 아니라 미래에 대한 이익을 제공하는 일이 앞으로는 더욱 중요해질 것이다.

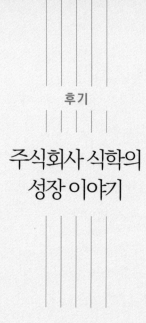

주식회사 식학의
성장 이야기

Leader's Mask

우리 회사는 창업한 지 3년 11개월 만에 도쿄 증권거래소 마더스 상장을 달성했다. 일반적으로 상장을 하는 경우는 베테랑 CFO를 헤드헌팅하거나 외부 컨설팅 회사의 도움을 받는다. 그렇게까지 해도 의외로 실패하는 경우가 많은 것이 상장 업무다. 그러나 우리는 상장 경험자가 한 명도 없었고 컨설팅 회사의 도움을 받지도 않았음에도 기존의 사원만으로 상장을 실현했다. 또한 상장이 1~2년 정도 연기되는 경우도 많지만 일정대로 상장에 도달할 수 있었다.

우리가 상장 준비 심사를 받을 때 가장 높게 평가받은 것은 '지적한 사항에 대한 빠른 개선 속도'였다.

우리 회사에서는 내가 "오른쪽"이라고 말하면 모두가 일제히 오른쪽으로 움직인다. 그렇다고 내가 항상 빠르게 정답을 이끌어 낼 수 있는 것은 아니다.

"처음에 오른쪽이라고 말했지만, 역시 왼쪽이었어."

"아니, 사실은 오른쪽이었는지도 모르겠군."

이런 식으로 끊임없이 시행착오를 하지만, 사원들은 그럴 때마다 일사불란하게 방향을 바꾼다. 다른 회사는 멤버들에게 오른쪽으로 가는 이유를 설명하거나 오른쪽으로 가도 될지를 물어봐야 한다. 그러나 우리 조직에서는 그렇게 사원의 '눈치'를 볼 필요가 없다. 그래서 속도가 느린 경영자가 시행을 두 번 하는 사이에 우리는 실패를 세 번 할 수 있으며, 그 결과 내가 먼저 정답을 찾아내 승리할 수 있다. 실제로 조직 운영은 이런 과정을 축적하는 것이다.

운이 좋으면 한 번도 실패하지 않고 정답을 찾아낼 수 있을지도 모른다. 그러나 그런 행운은 오래 가지 못한다. 비즈니스에서는 일단 정답을 찾아내더라도 또 다른 정답을 찾아내야 하는 상황이 연속적으로 발생하기 때문이다.

비즈니스는 장기전이다. 계속해서 운 좋게 단번에 정답을 찾아낼 수 있는 사람은 드물다. 사람마다 자신 있는 영역이나 기술이 다르기 때문에 연전연승은 불가능하다. 게다가 지금은 앞날이 불투명한 시대다. 결과적으로 속도가 빠른 사람이 승리할 확률이 높다.

속도가 중요하다고 말했지만, '조직에는 비효율적인 부분이 없는 편이 좋아.', '낭비가 없는 편이 좋아.'라고 생각하면 함정에 빠지게 된다. 스태프나 부하 사원의 시행착오는 '낭비'이니 속도를 높이기 위해 처음부터 정답을 가르쳐 주거나 하나부터 열까지 전부 가르쳐 주자고 생각하는 것은 절대 금물이다.

사람은 경험을 통해서만 성장할 수 있다.

장기적으로 속도를 높이기 위한 경험이라면 당장은 '낭비'였다 해도 '성장의 재료'가 되어 간다. 낭비라고 느꼈더라도 필요한 부분인 것이다. 그런 것에는 시간을 써도 된다.

처음부터 정답을 가르쳐 주면 그 순간에는 빠르게 느껴진다. 그러나 답을 주는 조직은 결과적으로 속도가 느려진다. 부하 사원이 성장하지 못하기 때문에 장기적으로 보면 속도가 떨어지는 것이다.

우리 회사에서는 리더가 장기적인 시점을 갖도록 매니저 개인의 숫자는 신경 쓰지 않는다. 오히려 플레잉 매니저라 해도 플레이어로서 매출이 낮은 사람이 더 높은 평가를 받고 있다.

리더 자신이 매출액을 메우는 것은 좋은 상황이 아니다. 물론 사장이나 리더가 좀 더 영업하면 매출을 1~2억 엔 더 늘릴 수 있는 상황도 있겠지만, 그렇게 하는 것은 의미가 없다. 부하 사원이 성장하지 못하기 때문이다. 장기적인 시점에서 부하 사원이 성장하기를 기다려야 한다.

이제 이 책을 마무리할 시간이 다가왔다. 책을 쓰는 과정에서 내가 와세다 대학교 럭비부에 소속되어 있었을 때 감독이었던 기요미야 가쓰유키 씨를 생각했다. 기요미야 감독은 '리더의 가면'을 쓴 전형적인 인물로서 늘 무표정하고 굉장히 무서운 지휘관이었다. 그는 담담하고, 엄숙하고, 사실만을 추구하며 팀을 강하게 만들었다.

특히 인상적이었던 것은 내가 4학년이었을 때 마지막 경기에서 패한 다음 날이었다. 은퇴 경기를 패했기 때문에 감독이 우리를 위로해 주리라고 생각했는데, 전날 경기의 영상을 틀더니 "패인은 4학년의 이 플레이였어."라고 설명하며 우리가 패한 이유를 분석했다. "패배의 원인"으로 지목당하는 것은 은퇴하는 4학년에게 괴로운 일이었으며, 기요미야 감독에게도 유쾌한 일은 아니었을 것이다. 그러나 팀의 미래, 그리고 그 선수의 미래를 위한 성장을 생각했을 때 '이 자리에서 지적하는 것이 옳다.'라고 판단한 것이리라. 이 패인은 이듬해에 "Ultimate Crush"라는 팀 슬로건이 되었다. 기요미야 감독은 이것을 해내면서 이길 수 있는 팀을 만드는 데 성공하고 13년 만에 전국대회 우승을 달성할 수 있었다. 만약 그때 "너희는 열심히 했어."라며 위로만 하고 끝냈다면 그 우승은 없었을지도 모른다.

그로부터 몇 년이 흐른 뒤, 이 책에서 소개한 매니지먼트 방법을 알게 된 나는 기요미야 감독이 이끄는 팀이 강해진 이유를 뒤늦게 이해할 수 있었다.

이 책의 '머리말'에서 나는 "리더의 가면이라는 표현은 비유다."라고 말했다. 그러나 지금 내게 리더의 가면은 '맨얼굴과 다름없는 것'이 되었다. '리더의 가면이 일본 경제를 구할 수 있는 매니지먼트 방법이다.'라고 확신하고 있기 때문이다. 그리고 이 방법을 일본 전체에 확산시키기 위해 노력하고 있다.

좋은 리더의 말은 시간이 지난 뒤에 효과가 나타난다.

이 책의 내용이 훗날 '그때는 심한 말이 아닌가 생각했는데, 이런 의미였구나.'라고 받아들여지기를 진심으로 기원하며 펜을 내려놓는다.

안도 고다이(安藤広大)

좋은 리더를 연기하라

Leader's Mask

가면은 자신의 얼굴을 감추거나 다른 얼굴을 보여주기 위한 도구다. 고대 그리스에서는 연극배우들이 등장인물의 감정을 나타내는 페르소나라는 가면을 쓰고 연극을 했는데, 이것은 본문에도 잠시 언급되는 심리학 용어인 '페르소나'의 어원이 되었다. 또한 한국의 탈놀이에 사용된 탈도 같은 역할을 했다.

위선자나 사기꾼이 자신의 본심을 감추고 다른 사람을 속일 때 "가면을 썼다."라는 표현을 사용하듯이, 가면은 좋지 않은 이미지로 받아들여질 때가 많다. 그러나 이 책에서 이야기하는 가면은 의미가 조금 다르다. 이것은 고대 그리스의 연극에 사용된 페르소나나 탈놀이의 탈처럼 자신의 본모습 대신 맡은 역할의 모습을 부각시키기 위한 장치라고 할 수 있다. 좋은 리더를 연기하라는 의미라고나 할까? 저자는 리더십을 타고나지 않은 사람도 훌륭한 리더가 될 수 있다고 말하는데, 이를 위한 도구가 '리더의 가면'인 것이다. 또한 저자는 좋은 리더가 되려면 개인적인 감정을 옆으로 치워 놓으라고 말하는데, 가면을 쓰면 본래의 표정은 보이지 않고 가면의 표정만이 보이게 된다. 그런 의미에서도 가면은 매우 적절한 표현이라고 생각한다.

이 책에서 이야기하는 좋은 리더가 되는 방법은 기본적으로 감정을 배제하고 이론에 따라서 매니지먼트를 하는 것이다. 결과가 나온 뒤에는 감정을 드러내도 되지만, 그전에는 감정을 드러내지 말라고 말한다. 이것은 모두를 평등하게 대하기 위한 조치일 것이다. 사람에게는 누구나 호불호라는 감정이 있기 마련이고, 이 감정이 개입하면 편애가 생기기 때문이다. 열 손가락 깨물어 안 아픈 손가락이 없다 해도 더 아픈 손가락과 덜 아픈 손가락은 있을 수밖에 없다.

물론 사람이 감정을 배제하는 것은 상당히 어려운 일이다. 그래서 저자는 가면을 쓰라고, 즉 연기를 하라고 강조하는 것일지도 모른다. 회사에서는 나라는 인간이 아닌 한 조직의 리더로서 리더의 역할을 연기하는 것이다. 이처럼 리더를 연기한다고 생각하면 아무래도 거부감은 줄어들 가능성이 높으며, 저자도 말하듯이 내 본모습이 아니라 연기를 하는 것일 뿐이므로 상처도 덜 받게 된다.

그리고 부하 사원이 경험을 쌓게 하면서 그들이 성장하기를 기다린다. 수적으로 생각해도 리더 혼자서 좋은 실적을 올리는 것보다는 여러 명이 좋은 실적을 올리는 것이 훨씬 이익이고, 회사는 영속적으로 지속되어야 하므로 젊은 사원들이 성장하는 것은 회사를 위해 필요한 일이다. 또한 부하 사원을 성장시키는 것은 감정을 배제하고 가면을 써야 하는 리더의 가장 인간적인 역할이라고 할 수 있지 않을까?

이 책은 머리로는 이해하더라도 실행하기에는 저항감이 느껴질 수도 있는 방법론을 친절하게 설명하고 최대한 쉽게 실행할 수 있도록 자세한 실천법을 제시해 준다. 설명을 들으면 분명히 일리가 있다고 느끼게 된다. 또한 공평함이라는 키워드라든가 인간적인 감정보다 규칙을 중시하는 자세도 시대의 흐름과 잘 맞아떨어진다는 생각이 든다. 어떻게 받아들일지는 사람마다 다르겠지만, 젊은 세대라면 거부감보다는 공감을 느끼는 부분이 더 많지 않을까? 마침 이 책의 대상은 이제 막 중간 관리직이 된 젊은 리더이기도 하다.

이 책을 읽은 젊은 리더가 부하 사원들을 성장시키는 훌륭한 리더로 성장하기를 바란다. 그리고 결과에 기뻐하기를 기원한다. 그렇게 된다면 리더 본인과 부하 사원들은 물론이고 리더가 소속된 회사, 나아가 우리 사회에도 커다란 이익이 될 것이다. 그리고 앞날에 대한 불안감이 점점 커지고 있는 지금, 그런 젊은 리더가 한 명이라도 더 많아진다면 미래도 조금은 더 밝아지리라 확신한다.

리더의 가면

초판 1쇄 발행 2023년 2월 8일
초판 2쇄 발행 2023년 11월 15일

지은이 안도 고다이(安藤広大)
옮긴이 김정환
발행인 권윤삼
발행처 도서출판 산수야
브랜드 핀라이트

등록번호 제2002-000278호
주소 서울시 마포구 월드컵로165-4
전화 02-332-9655
팩스 02-335-0674

ISBN 978-89-8097-586-0 13320

값은 뒤표지에 있습니다. 잘못된 책은 바꿔드립니다.

www.sansuyabooks.com
sansuyabooks@gmail.com
도서출판 산수야는 독자 여러분의 의견에 항상 귀 기울입니다.